高校人力资源管理与行政改革研究

王琪 著

北京工业大学出版社

图书在版编目（CIP）数据

高校人力资源管理与行政改革研究 / 王琪著． — 北京： 北京工业大学出版社， 2018.12（2021.5 重印）
ISBN 978-7-5639-6667-7

Ⅰ．①高… Ⅱ．①王… Ⅲ．①高等学校－人力资源管理－研究②高等学校－行政管理－体制改革－研究 Ⅳ．① G647.2

中国版本图书馆 CIP 数据核字（2019）第 022357 号

高校人力资源管理与行政改革研究

著　　者：王　琪
责任编辑：李俊焕
封面设计：点墨轩阁
出版发行：北京工业大学出版社
　　　　　（北京市朝阳区平乐园 100 号　邮编：100124）
　　　　　010-67391722（传真）　bgdcbs@sina.com
经销单位：全国各地新华书店
承印单位：三河市明华印务有限公司
开　　本：787 毫米 ×1092 毫米　1/16
印　　张：11.5
字　　数：230 千字
版　　次：2018 年 12 月第 1 版
印　　次：2021 年 5 月第 2 次印刷
标准书号：ISBN 978-7-5639-6667-7
定　　价：48.00 元

版权所有　翻印必究

（如发现印装质量问题，请寄本社发行部调换 010-67391106）

前　言

如今，随着高等教育国际化和市场化进程的加快，人力资源竞争也越来越激烈。高校开展人力资源管理能够全面调动广大教职员工的工作积极性和主动性。因此，实施人力资源管理是改进高校教育教学质量的重要环节。但是，目前我国高校人力资源管理落后于发达国家，其原因在于我们对高校教师人力资源管理缺乏系统而深入的研究，未能很好地运用人力资源管理理论指导高校教师人力资源管理实践。因此，有必要加强我国高校教师人力资源管理的理论与实践研究。在加强人力资源管理的同时，也要进行行政管理改革。在新时期，我国传统的行政管理模式需要与时俱进，需要对传统的管理模式进行改革和创新，只有转变传统的管理理念，将目标明确下来，不断更新管理方式，并加强人才队伍的建设才能有效推进高校行政管理的改革进程，才能促进我国教育事业的良好发展，从而为国家培养创新型人才提供保障。希望本书的出版，能够进一步促进高校行政改革与人力资源管理的理论研究与实践探索，为我国高校管理制度的完善提供理论依据。

本书首先介绍了高校人力资源管理的概念、特点、意义等，并进一步对中外高校人力资源管理模式进行比较；接着详细阐述了高校人力资源的招聘管理、绩效管理、培训与开发研究以及高校人力资源的管理机制和信息系统研究；之后对高校行政改革进行了全面的论述；接着阐述了高校行政改革的动力与阻力；最后探索分析了高效行政改革的对策。

本书共九章约 23 万字，由王琪撰写。由于撰写时间仓促且笔者水平有限，同时一些理论与实践也在发展之中，论述欠妥之处在所难免，敬请广大专家学者能够加以批评指正，以便将来充实与完善。

目　　录

第一章　绪　论 ·· 1
　　第一节　高校人力资源管理的理论概述 ···················· 1
　　第二节　高校人力资源管理的概念与特点 ···················· 5
　　第三节　高校人力资源管理的重要性及意义 ·················· 8
　　第四节　我国高校人力资源管理存在的问题及对策 ············ 11

第二章　中外高校人力资源管理模式研究 ···················· 17
　　第一节　国外高校人力资源管理模式研究 ···················· 17
　　第二节　我国高校人力资源管理模式研究 ···················· 21

第三章　高校人力资源招聘管理研究 ························ 33
　　第一节　高校人力资源招聘的内涵、原则与现状 ············ 33
　　第二节　招聘在人力资源管理中的地位、意义和作用 ········ 39
　　第三节　高校人力资源招聘流程与聘任制 ···················· 43
　　第四节　改革与完善高校教师聘任制 ························ 50

第四章　高校人力资源绩效管理研究 ························ 61
　　第一节　高校人力资源绩效管理概述 ························ 61
　　第二节　高校教学人员的绩效管理 ·························· 67
　　第三节　高校管理人员的绩效管理 ·························· 71

第五章　高校人力资源培训与开发研究 ······················ 79
　　第一节　高校人力资源培训与开发理念 ······················ 79
　　第二节　高校教学人员的培训与开发 ························ 86
　　第三节　高校管理人员的培训与开发 ························ 92

第六章　高校人力资源的管理机制和信息系统研究 ············ 101
　　第一节　高校人力资源配置机制研究 ························ 101
　　第二节　高校人力资源激励机制研究 ························ 106

第三节　高校人力资源绩效管理机制研究……………………113
　　第四节　高校人力资源管理信息系统研究……………………118
第七章　高校行政改革概述……………………………………………125
　　第一节　高校行政管理概述及存在的问题……………………125
　　第二节　高校行政改革的必要性、依据和影响因素…………129
　　第三节　高校行政改革的目标与方向…………………………134
　　第四节　高校行政改革的意义与措施…………………………139
第八章　高校行政改革的动力与阻力…………………………………145
　　第一节　高校行政改革的动力…………………………………145
　　第二节　高校行政改革的阻力…………………………………149
第九章　高校行政改革的对策研究……………………………………153
　　第一节　完善高等教育行政立法与执行机制…………………153
　　第二节　建立高等教育行政审计机制…………………………157
　　第三节　建立高等教育行政激励机制…………………………163
　　第四节　建立高等教育行政协调机制…………………………170

参考文献……………………………………………………………177

第一章 绪 论

高校是人才广为集中的场所，高等学校拥有众多的复合型人才，它承载着为国家培养高素质应用型人才的重任，可以说，高校只有加大对人才的储备，并建立有效激励机制，才能吸引人才，利用人才，使其在实现其自身发展的过程中推动整个民族文化的传承。高校人力资源开发能力和管理水平是衡量高校办学水平的基础性指标之一，在很大程度上影响着高校的改革和发展。所以，努力加强高校人力资源的管理、利用和开发，是提高高校核心竞争力的重要途径。

第一节 高校人力资源管理的理论概述

高等学校人力资源的范围较广，是从事教学、科研、管理和后勤服务等方面工作的教职员工总体所具有的劳动能力的总和。高校教学、科研、管理、后勤服务等各项工作协调发展，取决于人力资源系统各要素之间的协调关系，取决于人力资源的合理配置。所以，高校的各项管理工作都建立在人力资源管理的基础之上，高校人力资源的质量，在很大程度上影响着高校的教育质量、科研水平和办学效益。

一、学校人力资源管理

学校人力资源管理的对象是从事教育、教学、生产、科研、财务、行政和经营管理工作的教师、职工与管理人员。学校人力资源管理的目的是合理组合学校人力和科学安排学校人力，形成最佳结构与合力，最大化地提高学校的经济效益、社会效益、教育效益、科学效益和生态效益，以推动知识经济的发展。学校人力资源管理的具体内容可以概括为学校人力资源规划、学校人力资源开发和学校人力资源评价三个方面。

（一）学校人力资源规划

学校人力资源规划（学校人力资源计划）指的是学校根据发展战略、教育目标与管理目标以及学校环境的变化,科学地预测、分析学校在未来教育教学、科研、经营管理和环境中的教职工等人力资源的供给与需求状况,从而制订相应的政策与措施以保证学校在适当的时间和一定岗位上获得所需人才的数量与质量,并使学校与教职工的长期利益得到满足。

学校人力资源规划有长期、中期和短期三种,长期规划为5年以上,是对具体原则、方向的概括说明;中期规划在1~5年,对具体要求与政策有较为明确的说明,短期规划一般为年度规划,是具体执行计划,是中长期计划的实施与落实。学校人力资源规划的目的,一是制订学校的战略目标和发展规划;二是检查学校人力资源储备方案与政策的效果。学校人力资源管理规划有以下五项主要任务。

①学校人力资源要根据学校总的战略发展规划和中长期教育、教学、科研与经营管理计划,掌握教育改革方向,确定学校教职工的需求数量和质量。

②学校人力资源要研究国家、地方国民经济发展现状与计划,学校所在地区未来人口变动及规划期内人口出生的变化状况,本地区未来学校发展布局调整及学校自身规模变更状况,学校教育与管理现代化导致的学校形态与组织结构的变化趋向,进而推断未来学校教职工需求的变动情形。

③学校要分析学校现有教职工的素质、年龄结构与性别结构、学历结构与职称结构、流动趋向与缺勤率、工作士气与情绪的消长走势等状况,进而确定完成教育、教学、生产、科研、财务、行政和经营管理工作所需的各种学历、类别、专业和职称等级的人才数量。

④调查分析未来高等师范院校各专业各层次毕业生素质、数量和质量状况以及人才市场的供需状况,确定学校可以从高校毕业生、社会人才供给中直接获得或与高师及教育学院合作预先培训的各种学历、类别、专业和职称等级的人才数量。如果发现上述渠道不可能满足学校对某种学历、类别、专业和职称等级的人才的需求,还要自己制定培训计划,以培养学校所急需之人才。

⑤寻求学校人力资源规划体系中的各项具体计划的平衡,并使其与学校发展规划和教育、教学、科研、经营管理工作计划相衔接。

(二)学校人力资源开发

学校人力资源开发指的是学校高层管理者运用科学方法,发现、发展和充分利用教职工的士气和创造力,以提高教育、教学、科研和经营管理工作效率的活动,它包括选人、育人、用人和留人等内容。

1. 选人

选人，即选拔聘用教职工，是学校人力资源开发的重要内容。学校选聘教职工的途径有以下两种。

（1）内部选聘

内部选聘主要根据平时绩效考评与平时工作状况择优聘任，签订合同，发放聘书。内部选聘可以鼓舞士气，激发上进心；学校内部教职工对学校整体工作目标、发展过程与存在的问题了解充分，既能有效开展工作，又能形成优良传统。

（2）外部招聘

外部招聘指学校根据教职工任职资格和条件，在媒体、人才机构的帮助下到其他学校和部门，通过笔试、情景模拟与试教、面试等程序公开招聘教职工。学校选聘教职工必须坚持计划性、公正性、科学性、平等性等基本原则，并按照制定选聘计划、发布选聘信息、进行选聘测试（或绩效考评）、进行选聘决策等程序实施。

2. 育人

育人就是培养教职工，这是学校人力资源开发的主要工作之一，因为育人是提高学校教育、教学、科研和经营管理工作质量，推动学校发展的基础与动力。学校育人主要通过岗前培训、在职培训和脱产培训等形式对教职工进行思想道德教育、基础知识教育与基本技能训练、专业知识教育与专业技能训练等。

3. 用人

用人即用教职工，重用教职工应遵循以下几点原则。

①要量才录用，用其所长，避其所短，充分调动人的积极性，激发潜能，达到事半功倍的效果；②要合理协调学校人员结构，充分发挥教职工个人优势与集体优势；③要根据教职工的身心要求，重新设计工作，尽可能使工作内容丰富化，以便于其不断提高工作效率；④要注重工作环境设计，为教职工创造一个舒适的工作环境。

4. 留人

学校人力资源开发的关键是要留住人才，因为留不住人才，就会使学校的教育、教学、科研和经营管理遭受巨大损失，使学校的竞争对手更加强大。学校高层管理者在人力资源开发中要强化留人举措，带领并引导教职工朝着预定的教育目标和管理目标前进。

（三）学校人力资源评价

学校教职工绩效评价是学校人力资源管理必不可少的重要组成部分。学校教职工绩效评价，就是指收集、分析教职工的工作态度、行为与工作结果方面的信息，以确定其工作实绩并将绩效价值判断结果反馈给本人的过程。

绩效评价的目的，主要是帮助教职工认识自己的优点与不足，发扬成绩，改进不足，并针对教职工的实际需要制订培训计划改进其未来工作行为，推动学校整体工作目标的最终达成。同时，教职工绩效评价也是制订学校劳务报酬和奖惩制度以及职称评定、职务升迁的客观依据。

教职工绩效评价要遵循公正性、规范性、确切性、客观性和科学性原则，运用因素评分法、相互比较法和查核表法等，定期或不定期地、定性或定量地对教职工的工作实绩和行为表现等方面进行评价。在程序上坚持落实自我考评、民主考评、绩效考评等环节，着力在实际程度（实际绩效与目标及标准值之比）、复杂困难程度、努力程度等要素上进行分析考评，以"达到程度"为主。

二、高校人力资源管理工作未来的发展定位

高校是一个培养高层次人才，生产和传播新知识、新思想的重要基地，它在国家创新体系中占有重要地位，高校的各级领导和管理部门应对高校的人力资源管理给予充分重视，要尽早积极开展人力资源管理工作，并对未来工作进行准确定位。

（一）打造专兼结合的人力资源管理和师资队伍

学校的发展壮大取决于专兼职教师和管理者的能力，可以说，我国高校的管理者素质决定了学校的管理水平和效果。我国高校要有意识地提高管理者的素质和水平，打造专兼结合的人力资源管理的队伍。在选人、用人过程中，注重从知识、能力、品格、修养等多方面多角度出发，切实提高管理者的理论水平和实践能力，改变管理者旧有的工作思路和方法，建立起符合时代要求的正确的教育教学的工作理念，实现高校与时代发展的接轨。

（二）充分做好人才的可持续发展规划

时代的发展和科技的进步对我国高校的人才提出了更高的要求，在激烈的竞争中，高校要实现自身发展并处于不败之地，管理者就需要具备远见卓识，能够对人力资源管理工作做出超前的预测和规划。高校的行政管理者要从我国国情和学校自身的实际情况出发，设计出科学合理的人力资源管理和

开发的规划，以科学和发展的眼光为指导思想，建立起以培养人才、吸纳人才为主旨的高素质师资队伍。与此同时，高校在建设过程中还要有培养后备人才的意识，定期组织教职员工和行政管理者参加培训和进修，为人才的成长创造有利条件，使人才在新思想新理念的指导下更好地从事本职工作，实现高校自身的可持续发展。

（三）树立新型人力资源管理观念

一是要将人力资源管理摆在高校管理当中的重要位置上。知识经济与市场经济之背景下，人力资源是全部资源当中最为重要的资源，特别是在高等教育领域当中更是这样。二是要形成以人为本的管理观念，将发挥人力资源之价值放在首位，让高校人力资源之作用得到全面发挥。三是树立人才第一之思想，让知识分子所付出的劳动均能得到充分尊重。另外，要善于学会满足员工不同层次的需求，在管理中渗透情感因素，工作中的每个环节都要实施恰当的感情诱导，积极满足员工的情感需求。树立新型人力资源管理观念，建立健全合理、有效的人力资源管理机制，科学合理地完善高校的人力资源结构，以期实现高校人力资源管理的科学化、规范化，进而增强高校在未来发展中的竞争实力。

第二节　高校人力资源管理的概念与特点

一、高校人力资源管理的概念

（一）高校人力资源管理的概念

高校人力资源管理就是运用科学的原理、正确的原则和现代的管理手段，根据人才成长规律和高校自身目标，最大限度地调动高校工作人员的主动性、积极性和创造性，以实现高校人力资源利用的高效益、高效率。其目的是通过科学管理，谋求教职员工、师生之间，教职员工与教育事业、社会环境之间的相互协调，达到人适其事、人尽其才、事尽其功。从宏观层面上来讲，高校人力资源管理是高校人力资源管理部门所进行的各种人力开发、配置、利用、评价等管理环节，以及对各管理环节所进行的规划、组织、调节和控制活动。从微观层面来讲则是指对高校各类各级从业人员进行规划和组织，从招聘、录用、培训、升迁调动、评价、退休等人事活动进行管理和控制。

（二）高校人力资源管理中的主要理念

1. 以科学发展观为指导思想

高校人才管理制度必须坚持科学发展观，与时俱进，必须从"传统的人事管理"转为以人为本的"人力资源管理"，高瞻远瞩地高擎"解放思想"精神，组建一支高素质的师资队伍和管理队伍，充分调动广大教职员工的积极性、主动性和创造性。

2. 和谐人力资源管理理念

实现和谐人力资源管理关键是以人为本实行人性管理，也叫弹性管理。所谓人性管理，主要是指从人的情感、需要、发展的角度来理解管理。高校和谐人力资源管理理论的基本原理是互补原理和公平竞争原理。

3. 伦理化管理

建设高校人力资源管理伦理，首先应转变高校人力资源管理理念，即管理模式上应该是德法兼治，管理思想上应该是以人为本，管理思维上应该以非效果论为基础；其次应提高高校管理者伦理素养，做到处事公平、作风民主、严谨自律、关心教师；最后应通过提高道德认知水平、培养内省和慎独的能力、加强教师道德实践能力，促进教师道德水平的提高，使其适应伦理化管理。

4. 能本管理

"人的能力"是"能本管理"的核心内容。把人所具备的能力作为管理的首要对象和最终价值目标，把开发人的潜能作为最主要的管理任务和最核心的激励手段。其实，高校人力资源管理理念从根本上说都是从管理对象——"人"出发，充分地考虑高校人力资源的高层次性和能动性，进而化刚性管理为柔性管理，从从制度出发到从人出发，从以才为本向以人为本转变，人本管理是高校人力资源管理的最佳选择。

二、高校人力资源的特点

①高校人力资源的分布具有高度的密集性。高校是人才资源高度密集的区域，因此，在人才资源的数量和分布的密集度上，人才集中系数远远高于其他行业机构。

②高校人力资源具有时代性。高校具有大量的专门人才和专业知识分子，面对人才资源日益稀缺和人才需求日益增长的现实，高校需要培养更多的复合型人才，以适应时代发展的需要。

③高校人力资源具有难控制性。高校员工主要以知识型员工为主，所以

高校的管理机制也应与一般企业区别开来。高校教师与其他员工相对而言更是一支具有高学历的队伍，他们具有独特的个性，这一特殊性增加了高校人力资源管理的难度性。

④高校人力资源具有较大的流动性。人力资源，是通过教育和健康投资等形成的。人力资本价值，一般都需要通过人力资本的流动来实现。依靠自身人力资本丰厚的储备，高校教师具有很大的优势和较强的竞争力。目前，高校中青年骨干教师流失的现象非常严重。

⑤知识开发与管理是重点。知识经济是一种无形的经济形态，对于高校来说也算是智力经济，而智力资源的占有、配置、生产和使用是其最重要的因素。高校是培养人才、传授知识的重要场所，也是产生智力资源的重要基地，其发展的关键在于提高知识的生产率，即生产知识，提高知识转化为技术、产品的效率等。而知识生产率的提高又取决于知识的开发与管理，如教育与培训等，所以知识的生产率成了高校人力资源管理的关键所在。

⑥高校人力资源管理的对象具有复杂多样性。由于高校人力资源是丰富而又广泛的，因此高校的人力资源管理是一种宽范围的管理，换句话说，高校人力资源的构成包括教学科研工作人员、从事党政管理的工作人员、后勤服务工作人员以及离退休的工作人员等，并且这些人员在学历层次、知识、能力等方面存在较大的差异。这就需要高校在人力资源开发管理的过程中根据各类人员的职务要求，针对各类人员的特点进行管理，制订符合广大人员的开发方案，使人力资源的潜能得到充分发挥。

三、高校人力资源与其他人力资源的不同点

作为一个特殊的群体，高校人力资源除了具有一般的人力资源特征之外，还具有其他人力资源所不具备的独特性。

（一）高度重视自我价值的实现

高校人力资源具有高学历，受过系统专业教育，持有专业知识和技能，视野开阔，知识面广，重视能够促进其发展的具有挑战性、创造性的工作，对知识、个体和事业的成长有着持续不断的追求。他们要求组织给予其自主权，以便其能够用更有效的方式工作，并完成组织交给他的任务，渴望通过这一过程充分展现个人才智，注重自我价值的实现。他们将完成挑战性工作视为自我价值实现的方式，自我满足的内驱力使高校人力资源产生巨大、持久而稳定的进取精神，他们尽力追求完美结果。

（二）注重成就激励和精神激励

高校人力资源更渴望看到工作的成果，认为成果的质量才是工作效率和能力的证明。因此，成就本身就是对他们最好的激励，而金钱等传统激励手段于其而言并无太大的吸引力。不仅如此，由于对自我价值的高度重视，高校人力资源同样格外注重他人、组织及社会的评价，并强烈希望得到社会的认可和尊重。

（三）重视人格独立和自由

高校人力资源，尤其是专业技术人员不但富有才智，精通专业，科技知识接受度高，而且更重视人格独立和自由，提倡推崇扁平的层级结构，希望组织资讯公开、以科技为导向、强调绩效，以创新方式解决问题。他们尊重知识，追求真理，崇尚科学。此外，由于他们是知识型人才，掌握着特殊专业知识和技能，可以对上级、同级和下属产生较大影响，因此，传统组织层级中的职位权威对他们往往不具有绝对的控制力和约束力。

（四）学习动机强烈

高校是学习型组织，对"终身学习"理念有着更为广泛和深入的认同。高校的工作主要依赖于知识，为了适应时代发展的要求，提高自身工作能力和水平，高校人力资源只有不断地更新和补充知识，才能与专业的发展现状保持一致。因此高校人力资源渴望并乐于参加各种学习、培训，有潜在而巨大的学习动力。

第三节　高校人力资源管理的重要性及意义

一、高校人力资源管理的重要性

高校人力资源管理是指高校为了实现其发展目标，运用科学的方法通过对其内部人力资源进行组织、计划、协调和控制实现对全体教职工的录用、培训、考核、调配等的过程。人事管理的效率对高校实现其战略性发展目标有着直接而重要的影响。科学合理的岗位设置、严格周密的绩效考核、公平公正的竞争机制、有效的激励分配机制、灵活配套的各项措施等是调动教职员工积极性、创造性的关键，也是深化高校人事制度改革，优化教师队伍结构，提高教育质量、科研水平和办学效益的关键。

（一）加强高校人力资源管理能创造良好的科研与教学环境，培养和谐的人事关系

高校的人力资源管理能够激发教职工的工作积极性和创造性，提升教学与科研水平。人文环境是一种文化，它孕育于高校对学术和教学质量的长期重视当中。良好的人文环境能够使人心情舒畅，能够在人与人之间增加和谐的因素，更能促使人尽情地发挥自己的才能。

（二）加强高校人力资源管理能增强高校核心竞争力，助推高校跨越式发展

高校的学术实力源于教职工的工作质量并直接影响高校声誉，以至于关系到高校赖以生存和发展的生源。高校可以通过对人力资源进行科学的管理，形成一种人竭其能、人尽其才的教学与科研局面，提升师资队伍的整体素质，吸引更多的人才慕名而来。

（三）加强高校人力资源管理是高校战略发展的需要

高等学校作为培养高素质创造性人才的摇篮与知识创新的重要基地，在国家的社会经济和文化建设中具有举足轻重的地位。它既是人才的培养者，又是人才的使用者，同时还肩负着培养各级各类人才、全面提高劳动者素质的历史使命，因此高校拥有着人才密集的优势。但这还只是一个量的优势，要真正发挥质的优势，就要回归到对高校的人力资源进行现代化的开发与管理。因此，在新的形势下，如何真正做到人才的"为我所用"，提高高校教师的积极性，加快培养适合经济需求的人才，是高校人力管理工作者遇到的新课题。

（四）加强高校人力资源管理是高校教师自我发展与提升的需要

在高校的发展过程中，学科建设是龙头，教师队伍建设是中心。通过加强高校人力资源的管理与开发，对高校人力资源职业生涯进行规划与指导，积极关注高校人才的需求，为他们营造一个良好的教学科研氛围，促进他们自身的发展与提升，保障高校发展战略的实现。与此同时，高校的发展层次与水平的提高又能为高校人力资源自身的发展提供一个更好、更广阔的平台。因此，必须通过加强高校人力资源管理，促进人才队伍合理有序的流动，强化教学科研的中心地位，调动工作积极性，激发他们的潜能与创造力，以建设一支高素质、高效能的人力资源队伍，从而更好地促进高校的发展与提升。

二、高校人力资源管理对高校的意义

（一）有助于提高高校整体的竞争力

教师是高等学校办学的主体，是高校发展的核心，高校的生存与发展直接取决于该校师资队伍的整体素质。在人才竞争日益激烈的今天，加强高校人力资源管理更是势在必行。高校的每项工作都要靠人去完成，教学、科研、后勤服务等管理工作的协调与发展，取决于高校的教师、研究工作者和行政管理及服务人员的整体素质。所以高校的管理都是建立在人力资源管理的基础之上的。如果高校能更加注重人力资源管理，就会提升高校的核心竞争力使高校在竞争中立于不败之地。

（二）有助于形成科学合理的绩效考评机制

绩效考评既是教师管理的重要形式，又是激励教师的重要手段，还是教师职务聘任的基础条件。加强高校人力资源管理，高校就可以建立一套科学严格的针对不同人员的考核体系，以减少管理的随意性，提高抗干扰力，真正使考核公正公平。同时，也才能真正做到社会所倡导的"多劳多得，按劳分配"的原则，消除高校存在的"论资排辈""平均主义""大锅饭"和"搞平衡"等不良现象。

（三）有助于建立完善的人才引进机制和人才培养机制

人力资本是积累与增长的结果，需要通过对人力资源进行培训才能形成。高校人才的来源有两种途径：一种是高校自身培养，以便开发和合理利用，这是许多高校在发展初期的主要人才来源；另一种是引进人才，高校在发展过程中也应重视人才引进，尤其是高校发展到一定阶段，更应重视人才引进，以便形成更加良好的人才结构。高校在人力资源管理时都必须注意人才的两种来源，以便使高校永远有优质的人才资源。为此，高校应加强人力资源规划，以便有计划地将人力资源转化成人才资源。

（四）有助于建立全员聘用和有效激励的管理机制

高校人力资源管理的一项重要任务就是通过激励机制，吸引、开发和储备人才，激发高校教师的工作热情、想象力和创造力。通过建立相应的奖惩制度、晋升制度及福利补贴制度等来激发调动高校教师的积极性和主动性并激发其内在动力。

（五）有助于提高高校可持续发展能力

高校可持续发展的能力主要体现在三个方面：一是培养出来的学生的质

量；二是高校的科学研究能力和水平；三是高校的管理能力和水平。要想培养高质量学生，增强科研能力，提高管理水平，必须拥有高质量的人力资源。如果没有一支高素质的教师队伍，就不可能培养出高质量的学生；没有一支高素质的科研队伍，就出不了有水平的研究成果；没有一支高素质的管理队伍，就不能保证教学和科研的顺利开展。因此，高校人力资源状况对于高校的可持续发展能力具有重要影响，决定着学校的发展前景。

第四节 我国高校人力资源管理存在的问题及对策

一、高校人力资源管理存在的问题

（一）人力资源管理观念淡薄

首先，缺乏宏观意识。我国高校的人力资源管理并未经历科学管理阶段而是建立在传统的计划经济基础之上，可以称作劳动人事管理，而不是现代的人力资源管理。高校的领导者并未意识到现如今制约高校发展的关键是缺乏一支具有高素质高能力的教学科研队伍和一支具有高业务能力的后勤队伍，他们对人力资源的了解仅仅局限在最简单的招人、用人等方面，在工作中不求改变只是一味地接受原有的结构和工作流程，循规蹈矩、墨守成规，在管理、培养、吸引和稳定人才等方面没有根据高校的实际情况因地制宜，缺乏战略性、前瞻性和主动性。

其次，管理观念陈旧，缺乏创新能力。近年来高校虽然在人才招募、培训、考核、激励等方面进行了一定的改善，但是仍具有传统意义上的选人、用人、管人等情形。例如，在用人时仍只注重职前学历、第一学历等，忽视终身教育和后期的发展。在员工培训时忽略了组织目标与个人需求间的结合，忽视了员工潜能的开发，没有把人力资源开发与管理作为高校发展战略的一个基本点来考虑。

（二）人员资源配置率较低

良好的人力资源配置，可以充分地发挥出人力资源的潜能，更好地实现高校的目标，促进科教兴国和人才强国战略的实施。但是自从我国高校开始扩招以来，高校的人力资源配置问题越来越突出，具体有以下几个因素。

首先，高校领导者缺乏一定的自主权。我国高校的领导者一般都是国家指派的，不是通过高校内部的选举选出的，因此高校的人力资源乃至组织结构都受到政府制度的影响，这就导致高校的自主权有所降低，存在形式主义的现象，这种影响使得该校在人力资源管理工作中存在很大受限性，不能很好地根据自身的情况实施，从而导致管理效果不理想，产生相反的效果。

其次，高校市场化缺乏有效监控。受市场经济因素的影响，我国高校在近些年来，扩大招生、扩大规模，促使高校的人事管理突破了经济体制的影响，能够顺应岗位的绩效管理等调整高校教师的工资，但是市场调节并非是万能的，高校的一些调节的作为，其目的不一定是促进教学的发展和提高教育的素质，可能只是提高教师的福利和待遇水平。在市场经济条件下，一些高校教师会凭自己的专业知识在外谋取私人的经济利益，这在一定程度上就分散了自己在学校的精力。

最后，高校教师结构失衡，专任教师严重缺乏。如人力资源比例失调、人力资源配置不当、人力资源总量过剩、教学科研人员中一般人员居多、高精尖人才缺乏、管理人员中具有管理思想与领导能力的研究型管理人才稀少、中青年教师中高层次人才短缺、科研骨干和学术带头人短缺等。

总之，高校人力资源配置机制相对较弱，使得各层次、各岗位人员的调配不合理，存在很大的不平衡现象，这就造成了人力资源的极大浪费，阻碍高校的深层次改革。优化高校人力资源静态结构问题成为高校领导者必须要着手解决的首选问题。

（三）缺乏健全的人力资源管理体制

我国高校普遍缺乏健全的人力资源管理体制，在人事管理工作中没有形成长期的发展规划。高校自身在教学和管理中由于受到政府和相关部门的体制限制，各个职能部门之间尚未形成高效而紧密的联系，这导致了人力资源的分散。在宏观政策上，我国高校的人力资源管理和开发制度不健全；在微观层面，我国高等学校的教育管理和配套的法规政策不完善不健全，教育经费的大量投入并没有获得良好的回报，反而造成了资金的浪费。同时，高校长期以来缺乏有效的人力资源规划，致使人才储备不均衡，难以满足高校自身的建设和发展需要。高校要想实现自身的科学发展，就必须要加大对人才的引进并改善激励制度，否则将严重影响人力资源的层次和结构。

（四）高层次人才局部短缺

高校的人事部门煞费苦心，不惜重金招聘博导、教授，招聘范围甚至由国内拓展到国外。但高层次人才，特别是中青年教师、科研骨干和学术带头人短缺仍是目前高校普遍存在的现象。

局部的各专业高层次人才拥有量，也存在着高校之间或学校内部范围内的失衡。造成这种状况的原因，一方面是缺乏全社会范围内有效的人才流动机制；另一方面是地域差别、社会经济的差异及高校教师待遇偏低等问题引起高层次人才从甲地区流动至乙地区。人才短缺，一是局部的短缺，二是全社会的短缺，但人才流动是趋势，从某种程度上说，"人才流失"是人才流动的方式之一，只要人才有用武之地，无论人才流向何方，对社会来说没有任何损失；若有损失，也只是局部某一单位自认的一种损失。局部某一单位若想避免这一"损失"，必须调整用人环境，以利于人才竞争，以利于人才的潜能发挥。

（五）考核和评价机制不科学

目前高校教师的工作主要分为教学和科研两块，在评价教师的工作业绩时，主要以教学为主来衡量。为了减少成本，通常都是让教师满负荷上课，师生比远远达不到国家的规定，并且科研经费几乎没有，在评价教师的成绩时，科研往往被置于忽视的地位。有的教师为了评职称，也会去发表论文，但是并不做学术研究，仅仅是为了应付评审。这种考核和评价机制并不合理，在一味强调上课的同时忽视了教师科研能力、自身水平的提高，长期下去会导致教师队伍质量的下滑。

二、加强高校人力资源管理的对策

（一）树立"以人为本"的人力资源管理新观念

高校做好人力资源管理和开发最重要的就是要树立"以人为本"的管理理念，这是做好高校人力资源管理的前提条件。首先应该把人力资源管理放在高校管理工作的重心上；其次应充分尊重人才，人才第一的观念要建立起来，要能够了解教师的需求，能够为教师提供一个和谐的教学氛围，激发教师的积极性和创造性；最后，高校聚集着各种人才，要想实现高校的发展，不仅需要优秀的教师队伍，还需要具有先进水平的管理队伍，这些都需要在人力资源的开发和管理的基础上进行。高校要充分调动人才的积极性、创造性，使人力资源的效益充分地发挥出来。

（二）整合人力资源，优化配置结构

要想充分发挥人力资源管理的作用，就要根据高校发展的实际情况，对高校各个职能部门的劳动力资源进行重新调整，实现劳动力和劳动力资源的最佳组合，并根据人才的特点，将他们安排在合适的工作岗位上，最大限度地提高人力资源的利用效率，做到人尽其用。在对高校的人力资源进行优化配置的过程中，一定要坚持社会道德，杜绝人情关系等不良社会风气，保证人力资源管理的正规化。

同时,在进行人力资源的调整时,还要根据高校的实际发展情况,进行具有长期性的人力资源规划。在具体的实施过程中,可以通过以下几种方式来实现:

第一,人力资源的管理者需要深入基层进行摸底调查,利用聊天或者问卷调查等方式全面掌握每一个职工的真实情况。

第二,对调查所得的数据进行归纳分析,为开展后续的调查工作做准备。

第三,根据调查所得的结果,结合每一个职工的实际状况,在征求职工本人同意的基础上,为其制订对应的职业发展规划。通过这样的方式,就能有效减少人事变动产生的问题,实现人力资源的合理配置。

(三)完善引才用人的激励机制

人力资源管理的一项重要任务就是通过激励机制,吸引、开发和留住人才,激发其工作热情、想象力和创造力。为此,应健全人才培养机制,加大对人力资源的教育投入,给每一个人提供接受继续教育和不断提高自身素质的学习机会。培养人才是为了更好地稳定人才,稳定人才是为了更好地引进人才。

在目前高校教师紧缺的情况下,一方面要积极采取措施引进一批高层次、高水平的急需人才;另一方面更需要补充一批教学急需的一线教师。搞好教师队伍建设,不仅需要稳定人、吸引人,还需要激励人、发展人。同时应进一步加大人事分配制度改革的力度,基于受聘岗位,合理拉开分配差距,有效提升工资水平,必要时通过岗位聘任,加大对学术带头人、学术骨干在工资水平上的倾斜,通过切实可行的分配制度,彻底打破平均主义,真正使引才用人的激励机制得以完善。

(四)制订科学高效的人力资源管理机制

1. 人力资源管理机制需具有实效性

高校在招聘人才初期,需做好职务设计与分析工作,对教师个人素养及工作岗位匹配度进行分析,确保教师教育实力及专业知识等各个方面均胜任该工作岗位,同时编写岗位规范、职务说明书等人事管理章程,并依据高校教育事业发展需求,以及教师个人需求,制订人力资源规划,提高人力资源自我管理效率,确保高校在需要时,可以汲取充分的人力资源。

2. 高校人力资源管理机制需具备战略性

招聘及选拔机制需与本校发展目标相契合,依据高校发展对人才的客观需求，制订教师招聘及选拔机制，确保相关机制具备针对性、发展性，达到人力资源优化配置的目的，同时绩效考核、薪酬制度、福利待遇、员工激励机制需与高校发展进程保持同步更新状态，满足教师的各类需求，以调动教师工作积极性。

3. 高校人力资源管理机制需具备长久性

通过定期组织教师开展培训活动，端正其工作态度，提高其教育实力，使教师能在未来为高校做出更大贡献。建设良好的校园文化，通过劳动关系管理，打造和谐、稳定的劳动关系，同时做好高校人力资源管理反思工作，避免出现"亡羊补牢"的工作缺失，推动高校人力资源管理机制优化发展。

（五）制订合理的奖惩与考核制度

首先，建立合理的目标管理体系及其指标体系。目标管理体系之建立要和岗位工作要求相互挂钩。考核评价体系之建立不仅要考虑经济效益，还要兼顾社会效益，不仅要考虑基础科学，还要兼顾前沿科学，能够加以量化的指标要尽量予以量化，而定性指标也要用分值或者权重加以对应。随着当今时代的发展与人力资源理论研究的不断深化，考核评价体系也需要进行动态化的完善。其次，应当组织科学考评，并简化考核的工作程序。要按照岗位目标要求，通过先进行自我评价，再进行群众评价与基层组织评价，最后公布考评结果的步骤，对本校的人力资源进行合理评价，并进行科学分析和统计，在考核之后，要及时将相关信息反馈给个人，从而让被考评者能够心悦诚服地接受考核的结果。

第二章 中外高校人力资源管理模式研究

第一节 国外高校人力资源管理模式研究

一、国外高校人力资源管理模式

在国外,以美国、日本、澳大利亚和欧洲国家为代表的许多发达国家将"人力资源开发与管理"视为一种提高国际竞争力的有效手段,不少企业引入了"人力资源开发与管理"理论依据甚至管理开发程序。具有代表性的开发与管理模式如下。

(一)"抽屉式"开发与管理模式

在现代开发与管理中,"抽屉式"开发与管理模式也叫作"职务分析"。当今一些经济发达国家的企业,都非常重视"抽屉式"开发与管理和职位分类,并且都在"抽屉式"开发与管理的基础上,不同程度地建立了职位分类制度。"抽屉式"开发与管理是一种通俗形象的开发与管理术语,它形容在每个开发与管理人员办公桌的抽屉里,都有一个明确的职务工作规范,在开发与管理工作中,既不能有职无权,又不能有责无权,更不能有权无责,必须职、责、权、利相互结合。

高校进行"抽屉式"开发与管理有如下五个步骤:第一步,建立一个由高校各个部门组成的职务分析小组;第二步,正确处理高校的集权与分权关系;第三步,围绕高校的总体目标,层层分解,逐级落实职责权限范围;第四步,编写"职务说明""职务规格",制订对每个职务工作的要求准则;第五步,必须考虑考核制度与奖惩制度相结合。

(二)"走动式"开发与管理模式

"走动式"开发与管理模式是世界上流行的一种创新的开发与管理方式,它主要是指高校领导体察民意,了解实情,与部属打成一片,共创业绩。这种开发与管理风格的优越性如下。①领导动部属也跟着动。②投资小，收益大。"走动式"开发与管理并不需要太多的资金和技术，就能提高高校的生产力。③属于看得见的开发与管理。就是说最高领导能够到达教育第一线，与职工见面交谈，并希望职工能够对他提意见，能够认识他，甚至与他争辩是非。④属于现场的开发与管理。领导每天马不停蹄地到现场走动，部属也只好舍命陪君子。在此方面，日本采用得比较多，日本为何有世界上一流的生产力呢？研究认为其原因之一就是充分利用了现场的开发与管理。⑤"得人心者昌。"优秀的领导要常到职位比他低几层的员工中体察民意、了解实情，多听一些"不对"，而不是只听"好"的。不仅要关心员工的工作，叫得出他们的名字，还要关心他们的衣食住行。这样，员工就会觉得领导重视他们，工作自然十分卖力。

二、国外高校人力资源管理模式的特点

（一）美国高校人力资源管理模式的特点

1. 严格的招聘与选拔标准

在美国大学，教师的招聘与选拔实行聘用制。学校完全根据教学科研工作的需要设立岗位，根据岗位的空额情况和岗位要求向社会公开招聘，根据严格的考核标准和程序通过竞争来确定最合适的教师人选。美国高校在教师聘用中非常注意避免近亲繁殖，注重加强校际交流。

2. 完善的人力资源开发保障机制

美国所有大学与学院都非常关注教师现代教育技术问题，并采取了一些推进措施，吸引与鼓励教师自愿去参加教学技能培训，如保证教师有充足的研究经费，设立培训机构，实施教师进修推进项目等，并将教师进修与提高的重点放在教学方法与教学手段上。

3. 规范化的绩效考核体系

美国高校都制定了科学化、规范化、制度化的评估指标体系。考核采用全方位考核法（又称360度考评），所有的人员都要参加。考评指标包括定量指标和定性指标，其中以定性指标为主，对非教师系列的人员，由服务对象、同事和上司对其表现进行打分，对教师的考评，由学生、同行和院系负责人进行打分。评估种类大体上分为年度评估、申请终身职位的评估、晋升评估。绩效考核的结果直接与教师的去留、职称晋升、工资待遇挂钩，因此评估非常严格。

4. 非升即走的晋升淘汰机制

"非升即走"规定讲师聘用合同为1年,助理教授为3年,每年都有被解聘的可能,可以续聘3年,在同一岗位最多任教6年。到期后,如不能通过专门委员会对其教学工作量、教学质量、科研成果和水平以及学术水平的考察,就得被解聘离校。

5. 市场化的薪资制度

美国高校基本实行年薪制,根据个人不同的背景设置不同的年薪,不存在各种形式的补贴。美国各院校都规定了各类教师的最高工资额和最低工资额,教师的职位、学位、教学水平、学术成果的数量和质量、任职年限是确定其实际工资的主要依据。教师的工资随职位晋升而提高。同时,教师的工资每年随物价的上涨而调整。

(二)英国高校人力资源管理模式的特点

1. 实施以职责分析为依据的绩效考核

2001年英国开始开展高等教育职责分析。高校所有员工的绩效考核都依据统一的标准,无论是教师、行政人员还是工勤人员。这一分析评估体系由英国政府统一制定。英国高校以职责分析的结果为依据,进行员工绩效评估和设定工资等级。

2. 非常重视员工培训

他们认为员工的发展既有利于提高员工的工作能力和素质,又有利于学校的发展,是学校可持续发展的重要组成部分。英国高校将员工的发展问题列入学校战略发展规划,作为高校人力资源管理的重要内容。每年做出具体预算,购置专门的设施和设备用于员工的培训和发展工作。

(三)德国高校人力资源管理模式的特点

1. 严格的聘任制度

德国以其严格的高校教师甄选过程而著称,德国在相关的法律法规中,对高校教师的任职资格、权利和义务都做出了明确规定,高校教师需经过严格筛选后由主管部门任命。德国高校教师的来源主要是从校外招聘。

2. 完善的培训与开发保障机制

在德国,教师的在职进修被看作促进教师职业化,提高教师整体素质的一个重要途径。德国高校有促进教师进修提高的保障机制,另外教师参加培训的方式也很灵活，可以是大课集中学习，可以是参加研讨活动，也可以采取专题或分组讨论等形式。

3. 公平统一的薪酬激励制度

德国高校教师不分性别、地区、专业、学校，执行统一的公务员（C系列）工资标准。该标准规定，工资由基础工资、工龄工资（每两年升一次）、地方津贴等几部分组成。德国高校教师由于职称和工龄的不同，年薪有显著的差别，但这种差别并不悬殊，教师收入的多少与个人绩效有直接关系。

（四）澳大利亚高校人力资源管理的特点

1. 公开公正公平的员工招聘和录用制度

招聘录用新教职员工均采用刊登招聘广告和在网上发布招聘信息的方式向社会公开招聘。一般来讲，澳大利亚高校都有本经社区与公共部门联合会和国家高等教育产业联合会认可并签署的"企业协定"，其内容涵盖员工招聘与录用、薪金等级、工作职责、岗位培训、解聘、休假等。

2. 完善的培训制度

各大学均把员工的培训作为人力资源开发的重要途径。学校的培训项目是为员工业务能力的提高而开展的。人事部门不直接组织培训，大多数是委托专门机构或培训基地组织。培训内容很广，各种职位、专业都有不同的范围和要求，但共性的要求是新知识、新技能的培训。培训工作结束后，学校要依据培训机构的反馈意见，做好员工的培训质量和培训结果的评估工作。评估结果将作为受训人提薪或晋升的依据。

3. 完善的员工绩效考核机制

员工年初都要制订关于教学、研究或管理、本领域服务方向等方面的工作目标，年底针对年初制定的目标进行自我评估。每个院、系都有督察员，负责对员工进行考核。系考核完成后，将考核结果汇报学院和学校，最后由学校确定考核等级。考核不合格会影响其晋职、提薪，该员工还要再接受培训。

4. 统一的薪酬制度

高校教师的工资标准，均来自政府或议会的文件。所有高校的工资标准都一样，保证教师流动过程中工资标准不发生较大变化。大学员工的工资级别是根据员工的职位来确定的，级别分为A、B、C、D、E五个级别，同一职称又有4~10个档次，职称越高的，档次越高。最高工资与最低工资差距达10倍。

（五）日本高校人力资源管理的特点

1. 严格的教师任职资格制度

日本的高等学校具有严格的与学历、学位挂钩的教师任职资格制度。1991年修订的《大学设置基准》第14条规定了教授、副教授和讲师的任职条件，为大学教师职务晋升制定了最起码的标准，大学教师不仅要具有一定的具有学历和资历，还需要经过严格的筛选和激烈的竞争。

2. 严格的任期与淘汰机制

规定其在任期届满之后，必须通过大学管理机关的考核来确定是否可以继续聘任，或者是否采取退职方式不予聘任。关于教师任职的期限，各所学校规定不一，长则10年左右，短则2年，不过，大多数学校将任期规定在5年左右。

3. 丰厚的教师待遇

日本深受中国儒家师道观的影响，教师这一职业被公认为全社会最为羡慕和尊敬的"圣职"，地位很高。大学教师的工资是国民平均收入的1.5到3倍；大学教师还有一个互助工会机构，主要开展扶助事业、福利事业。

4. 完善的人事评价制度

日本对高校教师人事的评价交由教员人事评价委员会进行，坚持评价标准和评价结果公开、参加型的互相评价、本人和周围人认可和满意三原则。引入了能力评价和业绩评价两个新的评价体系。

总结以上五国高校人力资源管理模式的特点，可以看出他们具有以下共同特点：制定严格、公正、公开、公平的招聘、选拔与晋升制度，引入市场机制，促进人才的合理流动；重视员工的培训与开发，把促进员工潜能的开发作为人力资源管理的重心；建立科学合理、完善有效的绩效考评机制，为培训、选拔、薪酬分配提供客观公正准确的依据；采用有弹性的市场化薪酬制度，遵循统一、公平、优厚以及与绩效挂钩的原则，真正起到对员工激励的作用。

第二节　我国高校人力资源管理模式研究

一、我国高校人力资源管理模式

高校人力资源管理工作面临着诸如人才流失现象严重，教师队伍不稳定，员工积极性无法发挥，内部人力资源无法优化配置等一系列问题。解决这些问题的根本在于人力资源开发与管理理念模式的突破。高校应将以"人本管理""团队管理""虚拟管理""全员管理"等为主体的现代人力资源管理先进模式与自身实际相结合,构建系统化、人性化、科学化的人力资源管理新模式,以求为高校健康发展提供积极的人才支持。

(一)人本管理

人本管理,即"以人为本"的管理思想和理念及其在高校人力资源管理中的应用,体现了现代组织管理工作的精髓。坚持"以人为本"的人才工作理念,要求高校以"员工本位"为出发点,将人才作为高校生存和发展中最宝贵的财富,确立人才在管理与开发工作中的主导地位。人力资源管理工作的核心是调动员工的积极性和主动性;人才工作的目标是发现人才、发展人才,在员工目标实现的同时,获得高校目标的实现,寻求高校目标与员工目标的客观统一。区别于传统的高校人事管理模式,"以人为本"的高校人力资源管理工作,理念更先进、机制更健全、内容更充实、方法更灵活。

1. 突出人才的发展与个人需要的实现

人力资源与物质等其他资源的根本区别在于其具有特有的主观能动性和可再生性。高校传统的人事管理工作,忽视人的能动性,漠视人的需要,将人与其他资源视为同类,往往利用早期的经济学、管理学常识加以管理,强调高校本位,并简单追求人力资源投入产出效率的最大化。"重管理轻开发""重使用轻培养""重眼前轻发展",人才工作与高校组织管理不能协调发展,人力资源使用效率低下。"以人为本"的高校人力资源管理,以员工的主观能动性为管理实践的认识基础,强调员工的个性特点。"以人为本"的核心是围绕着调动员工的主动性、积极性和创造性,开展高校人力资源管理活动,并使各类人才获得超越生存的更为全面的自由发展。构建差别化的激励机制,采取有效的管理方法,从精神到物质、从硬件到软件、从时间到空间、从管理到开发,最大限度地寻求员工生存、发展和自我实现需要的满足,并具体体现在人才的吸纳、考核评价、培养培训、薪酬支付、人才资源优化配置等人才工作的各个环节当中。

2. 寻求高校目标与员工目标的客观统一

传统的高校人才工作基于企业的管理模式,以组织的产出效率最大化为目标,以高校目标的实现为前提,即以最小的人才资源成本(主要体现在工资福利、培养培训成本方面)投入高校的工作实践,并寻求获得最大的产出效率。因其在思想和理念上忽视了员工的主观需要和个人生存、发展和自我实现目标的客观存在，难以调动员工的主动性和积极性，造成了人才资源的浪费和高校使用人才成本的增加。"以人为本"的高校人力资源管理，坚持"员工本位"，以员工需要的满足为人才工作的出发点和最终目标，并为实现此目标采取有效的管理方法，差别化、人性化地对待管理对象，积极协调员工目标和组织目标之间的矛盾，并在员工目标实现的同时获得高校目标的实现，寻求组织与员工目标的客观统一。在人力资源协调管理中，使员工感受到高校目标的实现所带来的个人需要的满足，从而调动高校与员工双方的积极性，实现人才工作与高校管理的真正融合，构建高校和谐的劳动关系和组织文化。

（二）团队管理

建立学习型组织、实施团队管理、培养良好的高校组织文化是高校生存和发展的先进指导理念。高校员工一方面归属于高校所代表的大组织团队，同时也归属于所在具体部门和分工组织的小团队，有时还因科学研究、专题项目等归属于某一项目小组。团队不管大小，均有其特定的团队目标。高校人力资源管理采取团队管理模式，可以培养人才良好的团队精神和合作意识，营造良好的人际关系，培养积极进取的组织文化，促进高校与员工目标的双重实现。

1. 团队人力资源的优化配置

为保证团队目标的实现，团队成员之间存在一定的分工协作关系，团队目标的实现需要全体员工的共同努力，其首要条件是保证团队内部人力资源的优化配置。高校及其内部组织机构，作为人才汇集的特殊团队应尊重人才在个性、特点、能力、爱好、专长等方面的差异，从团队和个人的双重角度出发，积极吸引员工参与人力资源管理工作，实施团队人力资源配置的互动，并将人才优化配置于最合适的工作岗位和角色当中，做到"人尽其才""才尽其用"，人力资源管理部门在此过程中也做到了"知人善任"。一是加强宣传，提供有市场竞争力的薪酬水平，通过专家、校友引荐等多种渠道，积极吸引外部人才为团队服务。二是创造团队内部良好的竞争环境和发展空间，营建优秀的高校文化，积极实施"物质留人、事业留人、感情留人、环境留人"，实现优秀人才"引得进、用得上、留得住"。三是保持团队成员的合理流动，打破职务、岗位、劳动人事关系的终身制。对于在高校内部竞争中被淘汰的员工，高校应加强对其的培养和培训，尽量使其在高校内部人力资源市场中重新找到位置，以增强员工的归属感。长期实践证明，对于无法适应团队发展的员工，高校应摆脱宏观人事政策的束缚，使其在外部人力资源市场重新就业。

2. 加强团队绩效考核、实施团队激励

人力资源具有社会性，表现为员工之间的相互交往、员工之间相互的攀比以及员工对公平性的要求等，这就要求高校人力资源管理在注重个人考核和激励的同时，更要促进员工与团队的融合，最大限度地激发团队的积极性。团队管理模式体现在高校人才工作的各个环节当中，但特别需要指出的是，团队管理下的员工考核评价，应基本包括以下四个方面的内容。

一是员工业绩考核，主要指员工个人业绩实现的程度。这是传统员工考核的基本模式，包括教职工个人在一定考核期限内完成的教学、科研、管理、服务工作的数量和质量等方面。

二是团队目标的实现程度，强调员工业绩的实现程度必须与高校或所在团队的目标实现程度相一致，全体员工业绩的提高将促进团队目标的有效实现。

三是员工在团队业绩实践中的贡献，即衡量员工在团队中所处的位置，及其对团队的投入产出大小。

四是员工的团队合作意识及能力。实现团队的发展需要成员的协调努力。团队绩效考核需要质与量的有效结合，对于教学、科研等工作内容及其实现程度应侧重于量的考核。对于高校管理与服务，应采取目标考核和过程管理相结合的方式，从量的方面考核目标实现程度，从质的方面考核其为高校教学、科研等人才培养工作所承担的角色和付出的努力程度。基于团队管理模式的高校人才工作，薪酬制度设计应体现员工业绩和团队目标实现程度两个方面，并坚持物质和精神激励并举，以培养和谐的竞争关系和良好的团队合作意识。

（三）虚拟管理

虚拟管理是组织管理适应市场经济竞争的产物，从经济学、管理学角度来看，虚拟管理的基本点是组织以知识管理为导向，在宏观政策的规范范围内，将组织管理中非核心的管理业务虚拟于组织内、外的相关机构进行，通过压缩或削减组织机构规模，节约资源成本，从而注重战略性决策，达到资源优化配置的目的，实现管理效益最大化。

1. 高校人力资源虚拟管理的动机

高校推行人力资源虚拟管理的动机，归根结底是追求人力资源使用效率的最大化。

（1）有利于改善人力资源战略性管理

随着市场竞争的加剧、宏观管理体制改革的深化和高校内部人事制度改

革的推进，传统的高校人事部门注重从人事档案管理、招聘、培训、考核、工资发放、晋升、流动到劳动关系协调甚至还包括吃、住、丧、扶的生活琐事等具体业务，事无巨细、包办一切的管理模式已不适应高校发展新形势的需要。竞争要求高校人力资源管理部门应将非核心人事管理业务放在重点考虑之外，转而更加关注高校人才工作中的核心问题和战略性活动。在目前，主要是将人力资源管理中的某些事务性工作（主要指考勤、档案、绩效考评、薪资福利等）进行虚拟化交由高校内部机构（常表现为人事管理重心下移）或外部专门人力资源中介机构代做，高校人力资源部门重点关注人力资源战略性工作（如制订人力资源政策、职业生涯规划等）。同时，人力资源部门进一步参与高校发展战略的制定和执行，提升人力资源在组织中的地位，最终提高人力资源管理的效率。

（2）有利于降低人力资源管理成本

从经济学角度来看，员工往往被看成组织成本投入的重要组成部分，人力资源管理的目的就是控制人力资源成本的支出，以便成为高校产出效率的潜在来源。人力资源管理的内部虚拟，可以调动内部机构参与人力资源管理的积极性，营造全员关心人才、重视人才的良好氛围，并可促使各机构按照自身团队工作特点和目标，制订出切实有效的人力资源管理方案，提高管理效率。人力资源管理的外部虚拟，可以从专门的人才中介机构和其他组织获得低成本、高效率的专业化服务。高校将自身的全部智能和资源集中在人力资源管理的核心业务上，有利于从总体上提高管理效率。随着人力资源虚拟管理的进一步发展，专营机构会越来越规范，所提供的服务会越来越到位，以满足各种高校"个性化虚拟"的需求。

2. 高校人力资源虚拟管理的主要形式

就我国高校而言，人力资源虚拟管理在正处于初始时期，主要表现为以下几种形式。

（1）招聘虚拟

外部环境的变化，给高校制订员工招聘政策、开展招聘工作带来了较大的变化及风险，员工的流动性、人才的替代性也越来越强烈，为适应这种变化，高校虚拟员工招聘工作的程度也越来越高。具体表现为委托外部人才中介机构根据高校所需人员的条件进行广泛、有效的筛选，发挥其在人才市场中的信息优势，外部人才中介机构可同时参与对招聘人员的测评、聘期管理等各项事务。

（2）培训虚拟

高校为降低员工培训费用，防范人力资本投资风险，将员工培训工作虚拟于外部人才机构或其他专门培训组织进行，或通过网络等媒体快速获得培训资源，取得积极的培训效果。

（3）用工虚拟

市场经济条件下，高校的用工形式越来越灵活。许多高校已突破传统的"单就业模式"，员工雇佣富有弹性化，"不为所有，但为所用"的用工观念获得快速渗透。高校通过虚拟用工方式，可以吸引外部人力资源为高校服务，内、外部人力资源在智力和体力等方面的相互配合、优势互补，节省了大笔的人力资源培训与开发费用，以较少的投入得到了良好的人力资源产出效率。

（4）薪酬福利虚拟

高校薪酬设计与发放向来是人事部门的基本职能，但运用虚拟管理模式，此项业务就可虚拟于内、外部机构运作。如我国部分高校对二级机构采取的工资总额动态包干制、委托专业银行代发工资以及实施的员工退休养老金制度等均可看作一种人力资源薪酬虚拟管理实践。无论从投入产出的角度来看，还是从适应多变的环境来看，人力资源虚拟都不失为高校既能节省资金又能迅速地聚集智力和体力资源为其服务的一条捷径。

（四）全员管理

人力资源管理作为高校管理的核心组成部分之一，是一门科学，更是一门艺术。人才工作目标的实现，需要包括高校人力资源管理机构在内的，涉及高校领导、决策机构、参谋咨询机构、具体部门和员工的共同参与，在此基础上形成现代高校人力资源的"全员管理"模式。高校实施全员人力资源管理，需要以下几个方面的条件保障。

1. 实现员工的自我管理

积极支持员工参与人力资源管理活动，充分体现"人本管理"的原则。一是高校应大力宣传人力资源管理理论与方法，促成高校从传统人事管理理念向人力资源管理与开发理念的转变。使员工了解现代人才工作的理念、模式和方法。二是员工通过了解高校人力资源战略规划制订情况，与相关机构和人员一起根据自身实际及需求制订适合自己的职业生涯发展规划、参与工作设计过程，并在实施过程中及时进行修正。三是员工参与绩效考核指标与方法的制订，并进行绩效考核的自我评定。四是员工参与福利与薪酬制度的讨论，使报酬管理更加科学化、公平化、人性化。五是员工参与培训计划的制定，自我评估培训需求，并对培训效果进行评估。六是员工对高校人力资源管理工作提出意见和建议，并为高校积极举荐人才。

2. 建立良好的沟通体制和考核体制

全员人力资源管理，要求高校各单位、各部门、全体教职员工的共同协作，因而，建立一个包括决策层、人力资源部门、各部门主管、员工在内的人力资源沟通体系是实施全员管理模式的基本保障。知识经济条件下，高校人才工作进一步信息化和数字化，高校可以尝试人力资源管理系统（HRMS）的建设，这是建立人才工作沟通体制的需要，能推进信息技术在人力资源管理中的应用，将极大地优化高校人力资源管理工作的业务流程，提高管理效率。同时，为引导各方真正承担人才工作责任，将全员人力资源管理落到实处，高校应加强对各方在人才工作中职责履行情况的考核，并将其作为管理层绩效考核的重要内容之一，在此基础上实施有效激励。

二、我国高校人力资源管理模式的现状及存在的问题

目前我国高校的人力资源管理模式仍然含有强烈的传统人事管理色彩，这种管理模式难以为学校发展提供和培养优质人才。

（一）传统的招聘与选拔模式

各高校除了对学术成就较高或在相关领域知名的高级职称人员的引进采取聘任制以外，基本上都是本校毕业生留校任教，教师自产自销、"近亲繁殖"的现象比较严重。且招聘程序存在问题，都是由导师推荐，院系批准即可。在聘任过程中，缺乏公正、公开、公平的评聘方式与方法。

由于教育组织的公益性质，高校与教师之间隐含着终身的劳务合约，高校不能主动提出与教师解除劳务合约。因此，在中国解聘教师或教师辞聘的现象非常少见，高校教师职业仍然是铁饭碗。只要是学校的正式在编教师，他的一切福利、保险待遇都由学校负责，学校不敢轻易将不合格教师推向社会。教师一旦被聘用，就是终身聘用，即使对少数不能履行教师职责或不安心工作的教师，学校也难以辞退，不利于高校健康发展。

（二）教师晋升制度有待改进

我国高校缺乏完善、严格的教师考核与晋升制度。高校的教师职务等级沿袭了原有金字塔的人事等级制度，主要有助理教师、讲师、副教授和教授四个等级。上述四个等级一般是依次递进的，并明确规定了从讲师一级级晋升的各种条件，包括工作年龄等。中国教师在晋升职称时，通常只注重教学

工作量和学术水平，而忽略了对教学质量的评价。晋升时工龄是一个很重要的指标，要晋升副教授等高级职称，必须有一定的工作年龄。同时，由于教师的终身制，高校一般不能解聘教师，许多学术成就不高、科研能力不强的教师往往只要达到一定的工作年龄，就能获得晋升。并且在高校教师晋升职称时还存在论资排辈的现象，此时工作年龄更是一个重要的晋升依据。

（三）高校人力资源开发与培训工作不受重视

目前我国高校的人才培训仍然存在一些问题，例如：在传统人事管理观念的影响下，我国高校普遍存在对人力资源重引进、轻培养，重拥有、轻激活，重使用、轻开发，重专业、轻技能与品德的现象，严重影响了人力资源的利用效率，也加剧了高层次人才的流失。另外我国的高校教师培养则是政府和学校行为，教师自觉性不够，培训与提高的措施不够健全。同时，培训内容上重学术水平提高、学历提高，而不重视教学技能和教学技术的提高，部分普通人力资源吃老本的现象在部分高校都可以见到。

（四）绩效考核评比工作流于形式

国内高校采取的绩效考核方式有两种：一种是学校直接考核个人；另一种是学校考核院（系）以及学术小组，学术小组考核个人。前一种方式难以针对不同的岗位制订不同的岗位职责和考核指标体系，实际操作的难度较大，不利于团队精神的培养和建设。后一种方式的缺点是易受人为因素的影响，难以充分保证考核的客观公正性。在考核中，对不同职称的人员不加区别地进行考核，考核的力度还远远不够，如在教学上只限于对教学工作量的考核，而无教学效果的考核等；在科研上注重项目或者文章发表的数量，重量不重质的现象非常严重。我国高校教师考核的结果与教师的聘用联系不是很大，往往使得考核结果流于形式，不管你是优秀、良好、一般，还是合格，教师考核只要基本称职即可，大家就还是吃"大锅饭"。考核结果的客观、准确和公正难以保证。

（五）薪酬管理制度缺乏弹性

目前我国高校实行的薪酬结构是国家工资和校内津贴并存的二元结构。其中，国家工资部分原封不动，实行的是计划经济下的工资制度，校内津贴按岗位、绩效给付，实行的是市场经济下的薪酬制度。二元薪酬结构只是在校内津贴部分实行新的分配制度，因此激励效果不明显。另外，我国高校校内津贴过分向高职称、高职务的人员倾斜，也会导致教职工过分追求高职称和高职务等刚性因素，从而轻视教学质量、教学水平、服务质量等弹性因素，对高校的整体教学质量和教学水平产生负面影响。目前的津贴制度仍未与教师个人的绩效真正挂钩。分配制度主要按职称进档，按工作量计酬，而对花时间与精力较多的教研、教改、课程与专业建设等工作却没有得到较好的体现。

（六）激励措施效果不明显，激励观念有待改善

目前我国大多数高校将物质激励作为激励的主要手段。但不少学校在物质激励中耗费不少，而预期效果不佳。如有的高校在引进人才时认为金钱面前必有贤良，不惜重金引进高学历高职称人才。这些引进人才的住房条件、薪资待遇、科研环境都较本校相同的学历、职称的教师要优越，极大地挫伤了为学校贡献多年的，具有同样高学历、高职称的教师的积极性，导致"招来女婿气走儿"。另外，有些高校忽略了高校人才是知识层次比较高的一个群体，他们的物质需求已经不是第一位的需求，按照马斯洛的层次需要论，他们更注重高层次的需求，如对尊重和自我实现需要的追求，他们希望有机会发挥自己的聪明才智，在事业上有所发展，因此物质激励的作用有限。同时，许多激励制度是和绩效考核制度结合在一起制定的，但在实际操作中，绩效考核制度完全流于形式，这样即使激励制度比较完善，也同样起不到激励的作用。

三、改进我国高校人力资源管理模式的对策

改进我国高校人力资源管理模式必须依据我国目前高校教育体制改革的现状，结合我国国情，而不能盲目照搬国外的模式。具体对策主要有以下几个方面。

（一）建立柔性化的人才体制

学校应坚持按需设岗，面向整个社会进行公开招聘，严格依照考核标准以及招聘程序公平、公正地选聘人才，避免出现"近亲繁殖"的现象。聘用人才时应以业务能力、个人素质以及具有的品德为主要标准。从真正意义上推行聘用制度，打破以往的职业"铁饭碗"，将"单位人"转变为"社会人"。基于此，学校和聘用人员之间便只存在简单的工作关系，学校不再负责教职员工的社会保障，使其人力资源转向社会化。由于现今我国还不具备健全的社会保障体系，如果将教工资源向社会化转变后会使其后续问题得不到保障，所以要想真正推行人员聘任制度，还需要政府的大力协助，其实施过程还是一个长期、漫长的过程，学校可对原有教职人员实行长期聘用制度，对新进人员工应打破户口、档案等传统观念的束缚实行人事代理制度，引入合适的

人才并留住这些人才。采用具有柔性化特征的管理模式，将固定编制与流动编制结合、专职与兼职结合，真正科学合理地实现人才流动。

（二）加强高校师资队伍的培训和管理

高校师资队伍的培训与管理是高校人力资源管理工作的关键部分，这既是社会发展的必然要求，又是高校教职员工进一步实现自我价值的重要过程。首先应提高对教职员工的学历要求，部分偏远地区高校应当鼓励教师交流、深入学习，提升学校教学质量与科研实力。其次要重视培训教育。应充分认识到培训工作对人力资源管理的重要性，有规划地开展培训工作，并规范培训的考核与评估，让培训工作良性运行。最后要提高员工参与培训的积极性。调研教职工的真正需求，借鉴国外高校的优秀管理经验，将员工培训与提拔、薪资、福利、绩效考核等内容挂钩，调动员工的主观能动性。形成良好的氛围和竞争机制，通过科学的管理提高教职工的积极性和创造性，使其实际价值得到最大程度的发挥。

（三）建立健全绩效评估系统

绩效考核评估历来是人力资源管理中的难点。高校管理者应制订灵活多样的柔性考评机制，进一步探讨科学、合理、易操作的考核指标体系，对教师进行质与量、能力与品德、专项与综合、定期与不定期、同事与学生相结合的立体考核，把品德、知识、能力和业绩作为衡量人才的主要标准。考核指标应与岗位相匹配，岗位不同要求不同，既要考虑经济效益又要兼顾社会效益，既要考虑基础科学又要兼顾前沿科学，能够量化的指标应尽量量化，定性的指标也应以分值或权重对应。评价工作要实事求是，客观全面，保持科学性和严肃性，考核后应及时地将有关信息反馈至个人，使被考评者心悦诚服地接受考评结果，增加考评工作的透明度；绩效考评的结果应作为教职员工晋升、调动、加薪的决策依据。

（四）建立能力绩效薪酬制度

薪酬最能体现一个社会人的价值，它直接关系到教师的切身利益及所蕴藏积极性的发挥。因此薪酬管理一直是人力资源管理的核心问题。目前我国高校应改变以往薪酬分配时只注重学历、职称、年龄等刚性指标的要求，而对师资队伍的能力素质等软性结构要求则重视不够的现象。在美国，联邦政府大力实行市场化的薪酬制度，推行业绩文化，讲三重，即重能力、重业绩、重贡献。而日本政府也已打破了年功序列制，推行绩效管理、能绩主义的政策。以业绩论功过，看绩效定薪金，淡化了考核中的年龄、工龄、学历等因素。在目前我国实行的高校内部岗位津贴制度的基础上,逐步减少国家固定工资在个人收入中的比例,加大校内岗位津贴所占的比例。岗位津贴等级主要取决于人员的专业水平和业务能力。每年根据业绩考核情况进行一次评定,上下按一定比例浮动。能力水平提高、业绩突出的,则津贴水平就提升,这样就加大了在个人收入中其绩效工资所占的比例。

(五)建立行之有效的激励机制

人力资源管理的核心是保持和激励员工的积极性与创造性,有效地实现组织目标和员工工作的满足感,从人的需要出发,运用各种手段,激发其工作动机和内在潜力,充分调动人的积极性、主动性和创造性。在高校的人力资源管理中,要充分利用各种激励因素,运用合适的激励模式和方法,激励教职员工奋发努力。第一,对激励因素的设定要明确,如对完成工作的质与量要做适度的说明,给教职员工分配工作要适合他们的工作能力和工作量。第二,要及时激励,不要太早也不要太晚。第三,以正面激励为主。现代管理理论和实践都指出在群体激励中,对于素质高的人员,正面激励和鼓励的效果远大于反面的激励(如惩罚)。因此,对教职员工,宜采用肯定、奖励、加薪、升职等激励措施,以调动教职员工的积极性。第四,改善教职员工的教学、生活、工作环境,人力资源管理部门要专门设立一个服务机构,配备专门人员,及时为高层次人才解决生活、工作上的困难,营造宽松、和谐的工作环境,满足教师多层次、多样性的需求,激发其工作热情和创造性使他们能更安心、更积极地工作。

提高高校人力资源管理水平,是高校永恒的主题,学习国外高校人力资源管理的优秀经验和成果,借鉴先进的理念和模式,坚持理论创新、体制创新、机制创新,必将充分调动教职员工工作的积极性和创造性,营造有利于优秀人才脱颖而出和发挥才干的良好环境,为知识创新、科学研究、社会服务贡献力量。

第三章　高校人力资源招聘管理研究

第一节　高校人力资源招聘的内涵、原则与现状

一、高校人力资源招聘的内涵

（一）概念

招聘，是指学校吸引应聘者应征空缺职位的过程。从程序上来讲，招聘是人力资源管理的第一步，对即将进入学校的人员的素质、能力等方面进行选择把关，是整个人力资源管理的重要环节。

（二）招聘条件

招聘的高校教师应具备以下条件和基本素质。

1. 事业心和责任感

高校教师的职责不仅是教授知识，还要传输世界观、人生观、价值观。教师的思想、行为、工作态度和治学风格能够潜移默化地影响学生现在以及未来的工作、生活和学习。因此，教师必须具备爱国、敬业、正直和热情的品格，注重自己的言行举止，在学生中用自己的力量发挥榜样作用，带给学生积极的正能量。

2. 广博的知识和严谨的求学态度

高校教师的知识水平必须过硬，高校学生基本具备了自学能力，在教学中，教师只有拥有过硬的知识水平，才能给学生深入透彻地讲解，做到高屋建瓴、融会贯通地把知识传授给学生，才能灵活自如地驾驭教学，教学相长。另外，在高校教学过程中，如果没有科研，那么教学就是毫无生命力的，是没有依托的。科研是源，教学是流，离开了科研，教学便成了无源之水、无本之木，只有科研与教学相结合才能达到"1+1>2"的效果。因此，在治学上，教师要具有严谨的态度和创新能力，这样也能在一定程度上保证教学的质量。

3. 相应的教学能力

高校教师必须具备四个最基本的教学能力。一是较强的口头表达能力，教师的语言要能够做到流畅而没有语病，在语言中对情礼的掌握要到位。二是较强的课堂组织能力，教师的主战场在课堂，要能够随着课堂变化随时调整课堂节奏，拥有驾驭课堂的能力。三是因材施教，高校学生的个性和能力各不相同，高校教师要有因材施教的能力，了解学生情况，鼓励学生发挥自己的特长，尽可能以较少的"投入"而获得尽量多的"产出"。四是良好的心理素质，教师要能够积极地进行自我调整，表现出良好的适应能力，热爱学生并与学生平等相处，这不仅对教师自己有益处，还能为学生树立典范。

（三）招聘渠道

学校的招聘渠道主要有两大类，即内部招聘和外部招聘。各种招聘渠道有利有弊，学校管理者应根据情况选择合适的招聘渠道。

1. 内部招聘

内部招聘就是在学校内部张贴工作告示或在校园网上发布招聘信息，以吸引内部应征者。内部招聘的方式一般包括提升、内部调用和返聘等。当学校出现职位空缺时，学校管理者通常首先考虑的就是开启内部招聘渠道，因为内部招聘具有诸多优势：一是内部招聘为学校现有人员的发展创造了空间，有利于激发教职工的积极性；二是简化了招聘程序，为学校节约了大量的费用和时间；三是教职工由于对工作环境、规章制度、操作流程以及同事等均较了解，因此有助于其迅速地熟悉工作和进入角色，缩短适应期。

但是，内部招聘也存在一些弊端。一是容易形成学校内部人员的板块结构，降低人员的流动率。教职工长久地在一起工作，容易滋生出不同的利益群体，影响学校的团结和各项工作的正常开展。二是没有外来的新鲜血液，学校成员的思维方式就会趋于单一，缺少思想碰撞，影响学校的发展和创新。三是容易出现"涟漪效应"。当一个职位找到合适的人员填补上去后，就会产生一个新的空缺职位，导致另一岗位人员供给不足。

2. 外部招聘

外部招聘是指学校对外部应征群体进行招聘的活动。外部招聘大大扩充了人员的选择范围，有利于寻觅到更合适的教职工来承担相应的工作。外部招聘渠道一般包括以下几个方面：

（1）从一些大学里招聘应届毕业生

大学校园汇集了学校所需要的各类人才，尤其是能够提供丰富的专任教师资源。校园招聘已经成为学校吸纳新生力量的主要来源。通常大学都设有专门的就业服务机构，如大学生就业指导服务中心，它是联系用人学校和毕业生的重要桥梁。在大学校园进行招聘，是一个费用较大且耗时较长的过程。但由于应征者众多，整体素质较高，加之就业竞争激烈，因而用人学校便于从中寻觅到合适的人选。所以，这种招聘渠道是值得的。同时，招聘的过程也是对外宣传学校情况、展示学校风采的机会。因此，挑选有经验的招聘人员、落实好招聘活动的细节，就能让校园招聘发挥出一举两得的功效。

（2）从人才中心招聘人员

目前我国就业中介机构比较发达，其运作也比较规范，正日益成为许多用人单位选择的重要招聘渠道。我国自改革开放以来，出现了许多职业介绍机构和人才交流中心，甚至还有一些专门以教师为对象的教师人才市场。这些就业中介机构的作用是帮助学校选拔人员，节省用人单位的招聘时间。如果需要长期借助于就业中介机构，就应该把工作说明书和有关要求告知就业中介机构，并委派专人同几家就业中介机构保持稳定的联系。不过，一般而言，教师和教育管理人员较少通过就业中介机构来寻找他们的专业岗位。

（3）教职工推荐与申请人自荐

教职工推荐是学校进行外部招聘的又一重要渠道。许多学校逐渐认识到了教职工推荐的好处。①被荐人的质量较好。教职工熟悉自己的学校，也了解被荐人的人品与能力，他们常常能够吸引和自己一样优秀的人才进入学校工作。②被荐人能够更快地融入学校。有熟人的指点与帮助，被荐人能在较短的时间内适应工作，并且更易对学校产生认同感和归属感。③招聘成本低。当学校出现职位空缺时，只需将有关情况通报给教职工，将教职工的推荐名单汇总，联络被荐人前来应征即可。因此，这是一种经济实惠且快捷的招聘渠道。

申请人自荐也是外部招聘的渠道之一。对于毛遂自荐的应征者，学校应该礼貌地接待，最好让人力资源管理部门安排简单的面谈，一方面介绍学校的情况和用人要求，另一方面也初步考察自荐人的基本素质。对于主动求职者的询问信，学校也要给以礼貌而及时的答复。这不仅是尊重自荐者的自尊心的表现，还有利于树立学校的声誉和今后工作的开展。

招聘工作还有其他的一些渠道：广告招聘、同业推荐、关系单位调用、特色招聘、同业流动等。

内部招聘和外部招聘各有其优势和不足。而且，内部招聘的优点又常常是外部招聘的缺点，两者在一定程度上是互补的。因此，学校在选择人员招聘渠道时，要进行综合考虑，通常选用内外结合的方式效果最佳。具体的结合度取决于学校的战略计划、招聘岗位、上岗速度以及对组织外部环境的考虑等因素。

（四）招聘信息的发布

1. 发布招聘信息的原则

①面广原则。发布招聘信息的面越广，接收到该信息的人越多，应征的人也就越多，这样可能招聘到合适人选的概率就越大。

②及时原则。在条件许可的情况下，招聘信息应该尽早地向人们发布，这样有利于缩短招聘进程，减少招聘的消耗。

③分类原则。学校招聘的人员类型不是单一的，要根据招聘职位类型的特点，有针对性地发布招聘信息。对于教师来说，可在教育类报刊上刊登广告；对于职工来说，则不必拘泥于教育类报刊这一范畴。

④层次原则。信息发布载体的层次，要与招聘人员的层次要求相当。招聘普通的教职工，使用地方性信息发布平台即可；招聘高层次的优秀师资，需要在有影响力的、覆盖全国乃至世界的媒体上发布信息。

2. 招聘信息的发布形式

广告是招聘信息的基本发布形式。关注学校招聘广告的不仅有求职者，还有潜在的应聘申请人以及社会大众，它代表着学校的组织形象，需要认真对待。在拟订广告时，需要注意以下几个方面：一是不能出现歧视性的条件，以避免法律纠纷；二是以工作说明书为基础，这样可以使广告的内容具体实在；三是广告要有鼓动性，但不可夸大其词。

3. 发布招聘信息的载体

招聘信息可使用的发布载体的类型很多，如报纸、杂志、广播、电视和互联网等。学校应依据自身招聘的需要，对发布招聘信息的载体进行选择。

（五）应征人数确认

应征人数确认是学校组织和应征者互相确认的行为。确认应征就是为了了解有多少求职者获悉了招聘信息，并且愿意前来应征，从而确定应征活动的程序和内容。

确认应征人数的方式主要包括投寄简历、电话确认和前来学校填写工作申请书。一般认为，投寄简历和电话确认还只是初步表达了应征的意向，尚不能保证对方会采取应征的实际行动。只有当求职者来到现场，填写了工作申请书，才能证明这是有把握的、可靠的应征者。

二、高校人力资源招聘的原则与现状

（一）高校人力资源招聘的原则

1. 双向选择

双向选择是人力资源科学配置的基本原则。学校根据发展的要求自主地选择自己所需要的人员，同时求职者也可以根据自己的条件与要求自由地选择工作的单位和工作岗位。

2. 公平公正

招聘活动要遵循公平公正的原则。对于求职者，不能因为其民族、个人身份、性别、信仰、婚姻状况等情况而予以歧视，或给以特权。学校组织对应聘者应一视同仁，确保招聘工作做到公平、公正、公开，竞争选拔，择优录取。

3. 效率优先

效率优先原则是指在招聘工作中，要根据不同的招聘要求，灵活地选用不同的招聘形式，在保证应征人员素质要求的情况下，尽可能降低成本。

（二）高校人力资源招聘的现状

1. 招聘现状

（1）注重高学历

某些高校招聘条件让人望而生畏，只注重高学历人才，具体原因如下。一是由于前些年大学扩招的影响，高学历人才供给高于需求，尤其是在高校相对密集的城市如北京、上海等热点地区。二是受传统思想的束缚，人们认为进入高校工作似乎更显高雅，更有保障。三是当前高校测评中把教职工整体学历作为重要的考核指标之一，导致高校招聘盲目倾向高学历，忽略了人员结构的梯度问题。

（2）避免"近亲繁殖"

这种留任制度首先在西方发达国家盛行，例如，哈佛大学为保持学校声誉，博采众家之长，明文规定本校应届毕业生不论学历高低，不论优秀与否，一旦毕业必须离校，不予留任。近年来，国内很多高校在人才招聘过程中也引用此种模式，例如，北京大学、清华大学等名校在招聘启事上已明确原则上不留本校毕业生。

（3）注重结构化面试

注重结构化面试是应聘者与用人单位面对面近距离交谈的一种方式。面试过程中用人单位可以通过观察应聘者对问题的回答，全面考察其知识面、科研水平、思维活跃性及口头表达能力。还可以通过观察其临场表现，了解其应变能力、个人气质及情绪控制力。因此，面试成为各高校人才招聘的重要方法之一。但是，传统面试由于受考官的能力、见识、素质、经验及个人喜好等因素的限制，常常不够规范，质量不高。解决传统面试的不足，要求高校人力资源管理者具有现代人才管理知识，运用科学方法和手段，规范程序对人力资源进行测评。随着结构化面试在企事业单位中的成功运用，近年来这种面试方式也被借鉴到高校人才招聘中。结构化面试过程中相同职位设立相同的面试题目，并统一制订面试的形式、内容、程序及评分标准。

2. 招聘存在的问题

（1）缺乏人力资源规划和招聘规划

在现在的高校招聘中，没有人力资源规划和招聘规划是一个常见的因素。例如，在人员不足需要招聘的时候，高校却因为各种各样的问题临时改变招聘计划，影响正常的教学秩序。繁杂不确定的招聘工作会使得人才的输入环节出现问题，影响教学人员的心理素质，甚至会引起学生的不安和应聘者的质疑，使得高校信誉度下降。

（2）缺少招聘分析，招聘程序不合理

对于高校招聘的教师必须有明确的定位。一般应聘者可能只是有一种应聘的冲动而并不具备高校教师的能力，因此，高校对于求职者的定位和岗位所需的知识、技能和体力等方面的要求必须明确和详尽，各个程序和测试方法必须事先制订，以便在招聘中实现招聘的目的。

3. 招聘的建议和对策

（1）招聘方案的拟定

在高校的招聘中人力资源管理者发挥的作用是非常明显的。高校要招聘教师的专业数量、计划等，人力资源管理者都必须对其进行清晰的规划。职位分析对人力资源管理的意义重大，为实现人力资源的合理配置，人力资源管理者要有针对性地选择对应岗位进行分析，进行动态的跟踪，不断调整岗位要求，让岗位分析前置，指导招聘培训工作顺利有效进行。

首先，了解人员的空缺情况和岗位的需求情况，只有明白高校在做什么，才能知道高校需要什么样的人，只有了解高校的中长期规划，才能更有预见性地组织招聘工作，做好职位分析，拟定正确的招聘要求和程序。一旦招聘要求和程序公布之后，所有工作就必须严格按照程序执行。其次，高校的招聘计划在拟定时需要考虑应聘者的需求，尽量不花费太多的时间和经济成本，给应聘者和高校节约资源。

（2）招聘信息的发布

招聘信息的发布渠道是很广的，如电台、报纸、网络等，另外还可以通过人事局以及人力资源和社会保障厅等官方网站进行招聘信息的发布，这些渠道能够保证招聘信息的广泛发布，经济成本也相对较低。

①开发网上招聘系统。高校教师招聘的目的是招聘到能够适应教学的教师，对于地域等要求不高，因此，网上招聘者很多来自外地，如果采用传统的简历投递和人事筛选方式，工作量将非常大。于是，一种现代化的网络招聘系统应运而生，它能够实现用户注册登录、最新招聘信息发布以及留言等功能，是高校教师招聘工作的有力武器。

②建立人才储备。高校的一次招聘活动必然会吸引很多人才前来应聘，人力资源管理者要仔细筛选应聘人员的信息，除了要确定符合条件的人员外，还可以建立一个人才库系统。人才库大量的人才信息对于高校以后的人才招聘、人力资源储备和开发具有非常重要的作用。

③笔试和面试。笔试和面试是招聘工作的核心，笔试不仅要包括专业知识，还要对应聘者的心理素质和综合素质进行测试，了解其对岗位的适应能力。通过笔试的筛选之后，面试是高校了解应聘者更直接的方法，人力资源管理者可以从应聘者的谈吐中了解其专业水平、语言能力、反应能力、心理素质和个人魅力等，它们是决定任用的重要指标。面试的方式多种多样，有独面、群面和小组讨论等，但是不管采用何种面试方法，都必须严格按照招聘要求的步骤进行，不能徇私与掺杂个人偏见，确保任用的人才是高校需要的。

④后续。在确定任用人员之后，要进行相关的后续工作，主要有三个。一是考核，让招聘的人才进行简单的实践以进一步了解其与工作岗位的契合度；二是体检，为了保证应聘者有一个健康的身体完成教学任务；三是公示，这是为了让社会进行监督，是对全体应聘者负责的表现，有利于维护高校良好的声誉，营造公平、公正的竞争环境。

第二节　招聘在人力资源管理中的地位、意义和作用

一、招聘在人力资源管理中的地位

21世纪是知识经济时代，而高校是未来社会发展的智力资源，在人才培养过程中发挥着重要的作用，而教师作为高校最核心的资源，已成

为决定高校发展的关键因素。随着我国对高等教育的重视和教育改革的不断深入，高等教育高素质教师队伍的建设越来越重要，高校教师招聘就成了当前各大高校人力资源管理战略的核心，然而，高校中处于教学与科研第一线的教师严重紧缺，难以满足高校发展所需教师的人才需求，因此，各大高校要树立以人为本的理念，重视对高素质教师人才的招聘，认真对待招聘中的各个环节，把好招聘关口，充分利用人力资源管理理论与实践，提高招聘的有效性，只有这样，我国高等教育才能达到当前的改革与发展的目标。

（一）招聘在人力资源管理中的重要性

在人力资源管理中招聘管理是基础，招聘管理不到位直接会影响人力资源管理，良好的招聘管理直接决定着人力资源管理的稳定发展。不论是新成立的学校还是已经非常成熟化的学校，人员招聘与配置都是学校正常发展的首要前提，学校要想稳定健康地发展，必须要招聘到符合学校发展的一定质量和数量的员工，学校也必须保持一种开放型状态——不断流进和输出教职员工。只有做好了招聘管理，才能让人力资源管理正常进行，这样学校的各个岗位才会适配，学校才能健康发展。

（二）招聘成败的影响

1.成功招聘的积极影响

①有利于确保高校制定的目标的实现。高校将招聘的人安排在合适的岗位上，每位教职员工都能够各司其职，独立完成自己的工作任务，从而确保高校目标的实现。

②有利于节约人力成本。成功的招聘一方面可以用合理的薪酬聘得高校所需要的合适的教职员工，从而降低薪酬支出成本；另一方面可以在一定程度上降低教师的流动率，这样就可以避免重新招聘带来的招聘成本的增加。

③有利于增强学校的凝聚力。成功的招聘不仅表现为招聘的员工具备本岗位所必需的能力与素质，更重要的是招聘的新教师认同学校的校园文化，这样，具有相同价值观、信念、行为准则的教职员工彼此比较容易沟通与交流，形成良好的人际关系，有利于提高学校内部的凝聚力。

④有利于增强学校的创新能力。岗位配置合适的新教师，尤其是从学校外部招聘的新教师，可以给学校带来新的观念、新的思想、新的工作思路与方法。此外，对新环境的敏感性也有助于他们发现目前工作中的问题与隐患，

从而提出改进工作的建议。这些都将有利于学校在管理以及制度等方面的创新，从而有利于提高学校的创新能力。

⑤有利于学校树立良好的形象。招聘工作涉及的面很广，首先，学校要通过广播、电视、学校网站、报刊等多种形式发布招聘信息。其次，学校需要与其他高等院校、人力资源市场、猎头公司、职业中介机构等多类机构打交道。最后，学校需要与大量的应聘者进行交流。上述一系列活动都有利于扩大学校的知名度。在招聘过程中，学校优厚的招聘条件的提出、学校尊重人才理念的体现、招聘教师良好素质的展现等都将有利于学校树立良好的形象。

⑥给录用的新教师提供了一个更好的发展机会。成功的招聘不仅对学校有利，录用的教师也将受益匪浅。因为他们找到了适合自己的岗位，有利于充分发挥他们的能力与特长，从而更有利于他们的成长，对他们的职业生涯发展也将非常有利。

2. 失败招聘的消极影响

①学校的形象受到影响。如果录用的新教师不能胜任岗位工作，不仅他个人难以履行岗位职责，难以独立完成个人的任务目标，还会影响学生的学习，使得学校的形象受损，不利于学校的健康发展。

②增加人力成本。首先，失败的招聘有可能导致高薪招来低能者，这将增加薪资成本。其次，如果招聘的教师因为不胜任岗位被辞退或者新教师自己对工作不满意而辞职，这都需要学校重新组织招聘，从而增加招聘成本。最后，如果招聘的新教师不能胜任岗位工作，而当地的人力资源供给不足学校又难以重新招聘到合适的人员，学校就只能通过培训的方式使他们胜任工作，这样必将增加培训成本。

③影响教师的工作士气。招聘的新教师不能胜任工作，原来的老教师会产生不公平的想法，这样必将影响新老教师之间的沟通、交流与合作。如果新招聘的教师不认同学校的文化，在工作中教师员工之间必然会产生矛盾与摩擦。这些问题的出现必将降低学校内部的凝聚力，影响教师的工作士气。

④间接使竞争对手受益。第一，与某学校擦肩而过的优秀应聘人才可能成为竞争对手（其他高校）的优秀员工。第二，招聘到的不能胜任的员工使学校形象受损，这些都将影响学校的市场竞争力。第三，对学校招聘工作不满意的优秀教师可能会跳槽到其他高校，其他高校也可能借机通过"挖墙脚"的方式将优秀教师挖走。

⑤影响教师的职业生涯发展。失败的招聘使得教师难以胜任岗位的工作，

无论是因为能力不足，还是因为不适应学校文化而被辞退，都会在一定程度上影响教师的职业生涯发展。尤其是失败感对他们心理的消极影响往往需要较长的时间才能消失。这样可能导致他们的职业发展停滞。

⑥给人力资源部的员工增加压力。招聘工作的失败虽然可能有很多原因，但是因为人力资源部负责招聘工作，所以学校的高层领导和用人部门往往都会认为是人力资源部工作不力导致了招聘的失败。因为招聘工作不力使得学校的空缺职位不能及时补充合适的人员，用人部门会经常催促或抱怨，这些都将使人力资源部面临巨大的工作压力。

二、招聘的意义和作用

（一）意义

1. 招聘可以为学校教职员工队伍补充新的力量

学校招聘工作直接影响着一个组织的人才引进和输入的质量。高质量的招聘能够为组织不断充实新生力量，为学校注入活力，带来新的思想，从而实现组织内部人力资源的合理配置，为学校的发展提供。

2. 招聘可以提升学校的工作效能

有效的招聘能够提高学校的组织效率。招聘到的优秀人才，有助于实现人岗匹配，管理者不再需要花费更多时间来纠正教职工在工作中出现的问题，教职工也能够各司其职、各谋其位，进而能够提高学校的教学、科研和管理效率。

3. 招聘可以提高人力资源管理的效率

招聘工作直接影响人力资源管理的效率和效果。有效的招聘可以降低教职工初任培训和能力开发的费用。引进和输入的人才质量越高就越能使人才队伍的适应性更强，并使以后的培训更加有效。

4. 招聘可以提高学校的知名度

成功的招聘能够使学校的知名度得到提高，使外界能够更多地了解学校的定位、师资水平、科研状况、学生培养情况，从而对学校招生、学校形象、吸引应征者等方面产生正面的积极的影响。

（二）作用

①招聘管理是人力资源管理中的第一个模块，也是人力资源管理工作中的首要先决条件，在一定时期内能否顺利满足人员供给需求直接决定着人力

资源管理的成败。

②招聘管理的科学性直接影响人力资源管理中的公平公开公正的原则，当出现职位招聘需求时，不管是内部教职员工还是外部潜在的应聘人员，都具有同样的竞争机会。而一旦招聘管理失衡，这个时候就会出现不能公平公正地甄选与职位相匹配的人才的现象，不论是外部竞聘人员还是内部教职员工都会认为人力资源管理存在不科学性，最终可能会导致人力资源管理发生重大失误，对学校造成不良影响。

③招聘管理工作开展得是否顺利还会直接影响人力资源管理中的培训管理与绩效管理。招聘管理工作不顺利就会导致培训管理工作无法进行，招聘管理工作做得不到位也就无法将绩效管理工作进行下去。中国有句老话——巧妇难为无米之炊，招聘管理中无法做好甄选管理，不能有效地把控好优质人才的这个进口，就会使得培训管理工作无法正常有效地进行。

④人力资源管理中的招聘管理工作得当能够大大降低用人成本和风险。在现实工作中，目前中国的劳资纠纷基本上都是发生在解除劳动关系或者因某种原因进行裁员的情况下，单位自身原因导致的纠纷是无法避免的，但是很多情况下也是由于人力资源管理部门在前期招聘管理中无法甄选出优质人才，因此，预防劳资纠纷的真正源头应该是在招聘管理中。除此以外，解除劳动关系与裁员的状况发生后高校也就面临着人员的再次补充，间接地又加大了人力成本输出。所以招聘管理对于人力资源管理中的人力成本和就业风险有着非常直接的影响本的关系。

⑤校园文化部分也是人力资源管理中非常重要的组成部分，而招聘管理也直接对学校文化起着整合作用，良好的校园文化是一个优秀学校发展的灵魂，如何让职工迅速认可校园文化，更好地为组织创造最大的价值，其关键就在于实现教师与学校的完全吻合，在现实工作中完全吻合不一定能全部实现但是要尽最大能力保证匹配最优化。

第三节　高校人力资源招聘流程与聘任制

一、高校人力资源招聘流程

（一）准备阶段

1. 人力资源需求分析

学校根据人力资源需求预测现有人力资源配置状况，分析人员需求状况，包括数量、层次和结构,进而决定是否进行招聘活动等。

2. 明确招聘工作的特征和要求

学校根据岗位分析及其信息资料,确定具体工作岗位的特征和要求,明确这些工作对应征者知识、技能等方面的具体要求等。

3. 制订招聘计划和招聘策略

招聘计划是招聘工作的主要依据。招聘计划是指学校根据部门的发展要求和人力资源规划的人力需求、招聘的岗位及人员的数量、时间限制等因素做出详细的计划,同时确定招聘工作的组织者和执行者,并明确各自的分工。

(二)实施阶段

1. 招聘方式选择

招聘方式选择是指学校依据自身人力资源状况和社会的人力资源供给状况,对招聘的方式进行选择。招聘渠道一般分为外部招聘和内部招聘。

2. 信息发布

招聘渠道选定之后,就要向目标应征群体进行宣传。学校根据实际需要进行宣传方式的选择。此外,学校对信息的发布要做到及时、醒目、明了,确保招聘信息被目标人群准确地获知。

3. 应征确认

招聘信息发布之后,应征者需要通过一定的联系渠道对前来应征进行确认。确认工作是招聘组织和应征者双方的相互确认行为。

(三)评估阶段

对招聘活动的评估主要包括两个方面:一是对照招聘计划对实际招聘录用的人员从数量和质量两个方面进行评价总结;二是对招聘工作的效率进行评估,主要是对时间效率和经济效率进行评估,以便及时发现问题,分析原因,寻找解决的对策。

二、高校人力资源聘任制

(一)高校教师聘任制的内容

高校教师聘任制是在高校和教师双向选择的基础上,以聘任合同的形式把岗位设置、任职条件、招聘过程、任用管理、争议处理等环节,同学校和教师双方的责任、权利、义务组合形成的教师任用和管理制度体系。它是现代人力资源管理整体性、科学性、战略性、可持续性的思想和方法在高校教师队伍建设中的综合体现和系统运用。

高校教师聘任制的实施要求高校根据实际需要设置专业技术岗位，明确岗位职责；在定编定员的基础上，确定各级岗位合理的结构比例；坚持双向选择、平等自愿的原则，学校在经过同行专家评审认定的、符合相应条件的教师中进行选择，并以双方签订聘任合同的形式约定岗位职责；教师具有一定任期，在任职期间领取相应的职务岗位工资，任期结束后学校通过考核与评价，确定是否继续聘任。它主要包含以下主要内容：

1. 定编与设岗

科学的定编设岗是落实好教师聘任制的基础，是高校通过聘任制度解决当前教师队伍缺编或冗员、素质参差不齐等问题的前提。高校应遵循高校的办学规律和管理特点，按照教育部印发的《普通高等学校基本办学条件指标（试行）》和《普通高等学校本科教学工作水平评估指标体系》等文件对高校生师比的要求（生师比的合格标准是 18∶1，优秀的标准是 16∶1），再结合学校学科建设对教师队伍的要求，确定合理的编制。编制应遵循固定编制与流动编制相结合的原则，既有利于降低办学成本，又有利于吸引国内外高水平人才到校进行访问交流，促进教师队伍的合理流动。

高校岗位设置应遵循精简高效、总量控制、保证重点、兼顾一般、优化配置、动态管理的原则，着眼于学校的学科建设和整体发展的需要，并应有利于建立高效的用人机制，以实现教师资源的合理利用。各个高校应根据自身的办学层次、类型、水平、发展方向和建设目标，选择适合自己实际情况和发展特点的岗位设置方式。

2. 明晰岗位职责

岗位职责的履行情况是高校对教师教学业绩、科研业绩、学术水平、业务能力进行评估的基本依据，明确、切实可行的岗位职责是实施高校教师聘任制的关键。高校在确定各级岗位职责时，应首先明确高校的发展定位和人才的培养目标，再根据教师不同的岗位类型、不同的岗位层次和不同时期的岗位工作重点的变化，确定相应的岗位职责。

3. 聘任的实施

高校将岗位、任职条件和岗位职责向校内外公布，教师提出应聘申请，由学校择优聘任，在双方平等、自愿的情况下签订聘任合同，办理聘任手续，并明确聘期和双方须履行的权利和义务。

(1) 任职条件

任职条件是聘任的门槛，是教师能否受聘的必要条件，主要包括思想政治素质、职业道德、学历、教育教学水平和科研业绩等方面的内容。在设定任职条件时，既不能过高，又不能过低，应根据学校的发展要求和方向合理设定，既要形成积极的导向，又不能让过多的教师达不到门槛。总的来说，高级专业技术岗位，尤其是教授职务等级岗位，其任职条件的门槛应适当定高，以激发学校高层次人才的积极性和内在潜能，但讲师、助教等职务岗位的任职条件应设定适当，以保证绝大部分的教师能达到要求。这样既有利于在高层次人才中形成竞争机制，促进高层次人才队伍的科研和学术水平不断提高，又可以为青年教师提供宽松和逐步成长的空间和环境，充分激发他们不断提高教学质量和科研水平的积极性，为专业知识的积累和今后教学、科研工作的顺利开展打下坚实的基础。

(2) 聘期

从世界各国高校教师聘任制度来看，聘期的类型大致分为三种。①定期合同制，如俄罗斯的高校明确规定了教师聘任合同以五年为期限；②职务终身制，如在法国，高校教授被定为国家公务人员，高等院校的正式教师，除医学专业助教外都是职务终身制；③定期合同制与职务终身制并行，如美国、德国教师的高级职务（教授、副教授）分为定期制和终身制两种，教授多为职务终身制。

根据《关于在事业单位试行人员聘用制度的意见》的规定和要求，我国各高校对教师的职务聘任实行任期制。聘期分为短期、中长期和以完成一定工作为期限三种，短聘期在三年以内，中长聘期一般不超过五年，聘期也可与一个重大项目（一项课题）的周期相同。如浙江大学的聘期为半年至两年，对特别优秀的教师设置长聘期岗位，聘期为四年，但长聘期不能超出国家规定的离退休年龄。中国农业大学实行固定聘期和长聘期并行的制度，对高级职务设置长聘期岗位，对中、初级职务岗位设置三年的聘期。

灵活的聘期机制有利于增强教师的竞争意识、危机意识，使他们不断奋发进取，努力创造工作业绩，同时，有利于促使学校的教师资源配置不断优化。

4. 聘约管理

聘任合同的内容包括学校与教师的权责关系、岗位职责、聘任期限、收入状况、工作纪律、续约等方面的内容。一经签订，便意味着受法律保护和约束的劳动关系形成，任何一方违反聘任合同都需要承担相应的法律责任和合同约定的责任。它一方面减少和预防了各种矛盾和纠纷的发生；另一方面保障了学校和教师的合法权益。

5. 聘后管理

聘后管理主要指高校按照岗位职责要求对教师进行评价与考核，一方面，考核的结果是兑现待遇，决定是否续聘、高聘、低聘、缓聘和解聘的依据，考核与评价的奖惩性作用，可以更好地激励与约束教师。另一方面，考核与评价的发展性作用，也可让教师认识到自己的不足，为其职业发展提供很好的参照。因此，考核与评价是教师聘任制实施的有力保障，评价和考核工作进行得好坏，是检验聘任实施成效的重要标准，教师聘任的有效性必须通过评价和考核结果来验证。

（二）高校教师聘任制的模式

从各高校实施聘任制的实际情况来看，高校教师聘任制大体上有以下几种模式。

1. 评聘结合模式

评聘结合模式是指以职务聘任为核心，把职称评审与职务聘任有机地统一起来，根据聘任岗位的需要评审相应的职务，在已经达到该职位任职条件的人员中择优聘任。先评审后聘任，评审的目的就是聘任。

这种模式有其合理性，在教师聘任制改革初期产生了一定效果，主要体现在以下几点。第一，符合因事择人的原则。因事设岗、因事择人、因事聘任是一种有效的人事管理方式，有利于"人尽其才"。第二，符合动力与压力相统一的原则。第三，符合"责、权、利"相统一的原则。教师被安排到相应的岗位，享受相应的待遇，就需要履行相应的岗位职责。

但是这种模式在具体操作中也存在一些不足。评聘结合的模式容易造成重评轻聘、以评代聘的现象。因为这种模式使聘任的关键在于是否能通过评审，评审就成了聘任的先决条件，因此，人们会过多地关注评审，而忽视了聘任的真正意图，容易造成评上高级职称的人出现不思进取的惰性心理。另外，高级职称人员占用了过多的岗位，制约了后继青年人才的培养和发展，抑制了青年教师的积极性和创造性。

2. 评聘分离模式

评聘分离主张职称评审与职务聘任分开。教师的专业技术职务的任职资格由社会评审，"评"的依据是业务水平、能力和业绩，职称不与岗位、待遇挂钩；教师的聘任权交给学校，"聘"的依据是岗位需要和工作需要。

评聘分离模式有一定的优势，主要表现在以下几点。第一，有利于人才的成长与发展。将"评"与"聘"相分离,使有职称的人不一定能聘任上岗,形成了竞争机制,增强了教师的责任感和危机感,调动了教师的积极性,促进了人才的成长和发展,有利于优秀人才脱颖而出。第二,有利于打破职务"终身制"的观念。"评"与"聘"的分离导致职称与职务不挂钩,这样既有利于淡化身份,强化岗位聘任,引入激励机制,推动教师竞争上岗;又有利于学校择优录用,能从根本上克服"论资排辈"、能上不能下的弊端,促进人才的合理流动。评聘分离模式在克服以往制度弊端的同时,也存在一些新的问题。首先,以统一的社会评价尺度衡量教师的业务水平和能力,无法满足不同层次的高校对教师的不同需求,还可能加大地区之间、高校之间的差距,导致人才流动的恶性循环,同时也容易忽略人才培养和成长的规律。其次,要从根本上解决终身制的问题并不是仅仅依靠将评审与聘任工作分开就能做到,还需要进行深入的研究和探讨。

3. 只聘不评模式

只聘不评模式就是取消职称评审制度,由用人单位根据编制、岗位、教师队伍结构和比例、教学科研任务等需要直接聘任。换句话说,就是教师不再以身份聘任,而是以岗位聘任。教师参照各岗位的任职条件和岗位职责,结合自身的实际水平和情况进行应聘,学校从教师的思想政治素质、道德修养以及业务水平、能力和业绩等方面综合评定聘任教师。学校根据事业发展需要设置岗位,提出岗位职责,所有符合条件的人员均可报名,竞争上岗。聘任又分为"有固定期限聘任"和"无固定期限聘任"。

只聘不评模式的主要优势表现在以下几点。第一,有利于废除职务终身制,消除"论资排辈"的现象,构建不拘一格用人才的用人机制,彻底将教师的"身份"管理转变为岗位管理。第二,有利于建立"优胜劣汰"的竞争机制。通过实行完全的聘任制,无论教师的职称高低,学校均可以将不适合某个岗位的教师低聘、缓聘或解聘;而对于真正有能力的教师,能够调动他们的积极性和创造性。第三,实行只聘不评模式扩大了学校的自主权,有利于学校内部用人机制的改革,学校能根据自己的实际情况"因事设岗、按需设岗",充分节约了学校的人力、物力和财政资源,从而促进了学校人力资源的整合。

当然,任何制度和模式在实际操作过程中都存在一定的问题,需要不断地改进和完善。首先,在取消职称评审制度后,以职称评审为手段的教师评价体系随之消失,只聘不评模式对教师的评价应采取什么样的方式和手段才能更趋于科学与合理,这是一个值得深入探讨的问题。其次,实行只聘不评模式能使一些不合适的教师离开岗位，高校对落聘或解聘人员的分流和安置处理及其相关的管理制度和社会保障措施是否能为实施聘任制提供可靠保证，这也是一个问题。最后，建立和完善教师的聘后管理和监督机制、科学评价和考核体系就成了聘任制中非常重要的问题。

以上三种评聘模式各有其利弊，在高校教师聘任制的实施过程中都起到了重要作用。但是，取消职称评审制度，实施完全的聘任制是高校教师管理制度改革的方向和发展趋势。

（三）高校教师聘任制的内涵

要改革与完善高校教师聘任制，就必须首先深刻认识和准确把握教师聘任制的深刻内涵。

1. 劳动契约化与法律保障

教师聘任制是指学校和教师在地位平等的情况下，双方自愿签订聘用合同，明确各自的权利、义务、责任以及解决争议的途径，它受《中华人民共和国教师法》《中华人民共和国高等教育法》《中华人民共和国合同法》《中华人民共和国劳动法》《中华人民共和国民法》等法律法规的约束。实施聘任制是学校依法治教、民主办学的重要实践。

2. 劳动价值的体现

责酬一致是教师聘任制的重要内容，是教师劳动价值得到社会认可的重要体现，不同的岗位职责应该对应不同的岗位报酬。因此，完善的聘任制度体现了"按劳分配，优劳优酬"的原则，并积极鼓励教师履行岗位职责和创造突出业绩。

3. 人才竞争机制和择优机制的体现

教师聘任制实质上是一种人才竞争机制，教师通过公开竞争，凭借自身才智竞聘相应工作岗位，学校积极创造条件择优录取，教师聘任制赋予了高校和教师双方更大的选择性，通过双向选择达成一致。此外，学校可根据教师的能力与业绩，与教师签订不同期限的合同，也可根据教师的特长及具体情况，采取互聘、联聘、兼聘、返聘等多种形式。这有利于建立科学高效的人才选拔机制，形成开放、竞争的用人氛围，促进人才的合理流动，实现教师资源的社会共享，最终促进人力资源的优化配置。

4. 公开、公平、公正原则的体现

首先，聘任制要求向全社会公布岗位数量、岗位职责、任职条件以及考核与评价要求，进行公开招聘。其次，在公布明确的岗位数量、岗位职责、

任职条件以及考核与评价要求后，校内外人才根据自身的情况进行竞聘，学校对被考核人的品德、业绩以及发展潜力等因素进行综合考察，择优聘任。最后，学校需要根据公布的教师职责考核与评价的相关指标对教师进行年度考核与聘期考核，如果不能完成规定的职责与义务，该教师就将被解聘。高校教师聘任制从公布岗位、实施聘任到聘后管理，整个过程都是公开的，考核与评价体系对所有教师都是平等的，可以说，教师聘任制体现了公开、公平、公正的原则。

高校只有深刻理解了教师聘任制的内涵，才能更好地实施教师聘任制，才能积极地调动教师的积极性，促进教师资源的优化配置。

第四节 改革与完善高校教师聘任制

一、目前高校教师聘任制存在的问题

（一）岗位设置不合理，岗位职责不明确

科学、合理的岗位设置是聘任制实施的基础。但当前我国高校普遍存在因人设岗、人浮于事的情况，编制与岗位设置不对称，超编、冗员现象非常严重，以致需要的人才进不来，极大地阻碍了教师人力资源的合理流动，使聘任制的落实成为一句空话。

明晰的岗位职责是聘任制实施的前提，没有明确的岗位职责，实施教师聘任制就毫无意义。当前，高校岗位职责确立存在这样或那样的问题，最突出的表现体现在以下几个方面。第一，岗位职责要求普遍过低，失去了教师聘任制应有的激励与导向作用。第二，岗位职责存在重科研、轻教学的"唯学术"倾向，而且对科研是轻质重量，造成目标导向出现偏差，教师短期功利化思想严重。

（二）未能建立科学全面的评价与考核体系

当前建立在现行教师聘任制基础之上的教师评价机制很不健全，尚存在诸多问题，导致了许多负面效应，如损伤了部分教师的自尊心，抑制了教师对工作的积极性和创新性，破坏了教师之间的协作和教师队伍的凝聚力，阻碍了教师潜能的发挥等。主要表现在以下几个方面。第一，在评价理念上容易产生混乱，要么过分注重目标管理，忽视教师个体的特殊性和主观能动性；要么片面理解以人为本的含义，无法对教师进行行之有效的绩效管理。第二，对教师的评价仅以教师教学的绩效、科研成果的数量等内容为主要参考，而

对教师超出工作时间以外的劳动和所创造的价值等方面缺乏科学、理性的评价，评价内容存在局限性。第三，评价标准和方式简单，过于强调以定量考核的标准和方式进行评价，忽视了对教师综合素质和能力的定性分析，助长了急功近利、浮躁的风气。第四，评价导向失准，过分注重科研业绩，片面强调科研工作在教师职业生涯中的地位和作用，忽视了教师教书育人的基本职责。

这样的评价体系当然难以全面、客观地评价教师的真实水平和综合素质，评价结果难以与高校的发展目标相适应，甚至会阻碍学校的发展。在目前的这种评价体系下，学术必然会被个人利益所驱动，而丧失其独立性、创新性和前瞻性。

（三）激励机制不完善，短期化行为严重

当前高校对教师往往注重物质激励，而对教师的精神激励和人文关怀较少，这种单一的激励手段忽视了教师职业的独特性和成长规律，容易导致教师过分追求物质利益而出现有悖学术道德和教师职业道德的现象。另外，没有建立起短期激励与长期激励相结合的长效机制，现实当中更偏重的是短期激励，导致了高校教师的短期化功利行为，不利于时效性和可持续性激励机制的构建。具体表现在以下两个方面。

第一，学校管理方面。首先，高校管理层存在短期功利化思想，未能从根本上认识高校改革和发展的主要矛盾和学校的实际情况，为求得任期内的快速发展，采取简单套用其他学校的改革模式和方法，以期获得短期效益。其次，高校在人才引进、利用、培养等方面存在着严重的短期行为，只注重学校眼前的利益和某些数字化的成绩，制定的政策不具有连续性。最后，对教师的激励依靠单纯的物质激励，对教师的工作评价过分偏重于量化的业绩，忽略了教师劳动的特点和职业的特性，忽视了教师的职业生涯规划，忽视了教师队伍能力和素质的提高。

第二，教师方面。首先，迫于岗位竞争和聘期评价的压力，教师在工作重心的选择上具有一定的偏向性，更看重既能产生实际效益，又能满足竞争需要的工作内容，因此导致重科研、轻教学，重数量、轻质量的现象时有发生；而且为了完成岗位职责和任务、追求短期利益，教师的投机行为明显增多，论文著作拼凑炮制、抄袭剽窃的现象时有发生，科研项目零敲碎打，一个项目分为多个子项目，多人主持的情况屡见不鲜。其次，教师受短期效益观的驱使，在科学研究和学术探索上宁可选择虽然无助于水平的提高但却能带来实效的"短、平、快"的项目，而对难度较大、费时较多、投入较高且不易在聘期内完成的基础性和创新性研究项目持谨慎态度,严重阻碍了学校科研水平的提高和学术领域的拓展。最后,由于在同等条件和要求下竞聘岗位,迫于竞争的压力和生存的需要,一些老教师不再"甘为人梯",不再热心于对青年教师的"传、帮、带",教师之间不愿团队协作,追求自立单干,致使学科梯队建设受到严重影响。

（四）人才引进与选拔机制不健全,教师流动渠道不畅通

当前,高校人才引进途径过窄,选拔机制不够健全,主要表现在以下几点。第一,人才引进基本局限在高校与相关科研单位,主要将应届毕业生和具有高级专业技术职务、高学历的教师和科研人员作为人才引进的对象,而没有真正、完全地面向社会招贤纳才。第二,人才引进偏向于关注学历、资历,而往往忽视能力、水平与业绩,使得企业等相关单位的具有高水平,但学历、职称相对较低的具有创新精神的高素质人才难以进入高校。第三,"近亲繁殖"现象较为严重,极大地阻碍了高校的学术交流与创新。第四,在人员的选拔任用上,行政组织和学术组织的遴选人才作用至今仍然存在分歧和争议。

此外,教师流动渠道也不畅通。由于与高校用人制度相对应的配套措施严重滞后,社会保障体系不健全,再加上传统人事管理观念的影响,教师聘任制的实施并未能形成真正的竞争机制,而且缺乏淘汰机制,教师流动渠道不通畅,无法形成合理的流动机制。不能胜任岗位职责的教师无法及时调整、分流,急需的人才却又进不来。

（五）管理工作不到位

首先,高校内部人事管理还没有完全脱离计划经济思想的束缚,教师管理的手段、方式还以传统的人事管理思想为指导,未能建立一套与市场经济相适应的高校教师人力资源管理模式。其次,在实施聘任制的过程中,一些高校未能深入细致地把握学科特点,在岗位设置、聘任条件、岗位职责、考核标准等方面未能处理好人文社会科学与自然科学、基础学科与应用学科的关系,采取一刀切的办法,严重违背了学科发展的内在规律。最后,高校对教师的聘后管理缺乏有效的绩效考核办法和有力的监督机制,对教师队伍中有违职业道德和学术精神的现象不想管、不敢管、不会管,严重阻碍了教师队伍的建设;同时,管理部门尚未做到"有所为、有所不为",行政干预学术的现象仍然普遍存在,严重制约了学术的发展。

当然,问题并不仅仅是上述几个方面,还存在着诸如内培与外引的矛盾等问题。这些问题都表明,现行的教师聘任制仍不能很好地适应高等教育迅猛发展的形势对教师队伍建设提出的要求,对高校教师管理、高校教师队伍

二、高校教师聘任制的改革建议

高校教师聘任制度的改革应在深刻理解聘任制的内容，准确把握聘任制的内涵，认真分析聘任制存在的问题的基础上，遵循主体明确、结构比例宏观动态管理、学校整体人才资源开发、有重点倾斜的非平衡性、突出竞争性以及追求效益性等六大原则，围绕提高教师素质、把握关键环节以及创造良好的社会条件等各个方面，采取切实有效的措施，建立与社会主义市场经济相适应的真正意义上的教师聘任制。

（一）提高认识，转变观念

聘任制改革是高校内部管理体制的一场深刻变革，要使聘任制真正落到实处，使其有利于落实高校办学自主权，有利于优化高校人员的整体结构，有利于调动广大教职工的积极性，有利于提高教学质量、科研水平和办学效益，发挥其促进高校改革与发展的重要作用，首先要提高广大教职工对推行聘任制的重要性、必要性的认识，使其进一步树立由传统计划经济向市场经济转变的观念，树立由"身份"管理向"岗位"管理转变的观念，树立人力资源配置由计划配置向市场配置转变的观念，树立收入分配由"平均分配""吃大锅饭"向按劳分配、优劳优酬、以岗定薪转变的观念，树立教师和学校之间地位平等、双方均受法律保护等观念。只有认识提高了，观念转变了，广大教职工才能接受和适应制度的改革，聘任制的改革才能真正得到支持和拥护、贯彻和落实。

（二）科学定编，合理设岗，明晰职责

教师能否被聘任取决于编制和岗位的提供，因此科学定编、合理设岗是推行岗位聘任制的基础。

高校编制管理包括学校机构设置和人员编制管理，并根据高校的职能，遵循高校办学规律和管理特点，坚持国家总量控制、学校自主管理、规范合理、精简高效的原则。高校内设党政管理机构和教学、科研组织机构，由学校根据学科建设和事业发展的需要自行决定设立。高校根据完成高等教育任务而需配备的从事教学工作、学术研究工作以及学生思想政治教育工作的人员的情况确定教师编制，其主要指标是生师比。生师比既不能过低，又不能过高，过低的话会增大学校的办学成本，阻碍学校的进一步发展，过高则会造成教师不足，影响学校的教学质量。还有对一些特殊学科，诸如艺术学科等，则特别需要结合学生的素质状况以及艺术教学规律的特点，合理确定艺术类教

师的编制数。此外，合理的教师队伍结构具有稳定与流动、专职与兼职相结合的特点，因此，教师编制既有固定编制，又有流动编制，流动编制主要用于引进人才，如重大科研项目的临时人员、进站博士后等。这既有利于降低办学成本，又有利于吸引高水平人才以及促进教师队伍的合理流动，以充分保持教师队伍的生机与活力。至于固定编制与流动编制的比例为多少，需要高校结合自身的实际情况合理确定，但当前多数高校将教师队伍的85%定为固定编制，15%定为流动编制。

各个高校应该根据其自身的办学目标和条件，切实从学科发展、人才培养的现实需要和长远要求出发，科学地规划教师岗位，合理地配置教师资源。目前的岗位设置方式主要有三种。一是按照学科建设进行岗位设置，即将学科分为重点学科、特色学科、优势学科、博士点、硕士点和一般学科等多个层次，根据学科建设的需要，设置各级职务的比例。二是按照学校任务设置岗位，即将学校承担的教学、科研等任务划分为多个层次，根据每个层次任务的数量和质量，设置不同的职务及其比例。三是按学科建设与任务相结合的方式设置岗位，即将以上两种方式结合，通过综合衡量，进行岗位设置。这样能扬长避短，综合两者的长处，规避各自的不足，达到最合理的岗位配置，但在实践过程中要将两者有效结合也具有不易操作性。四是，岗位设置还受到成本与收益关系的约束，即岗位的设置还必须考虑办学成本。

明确、清晰、切实可行的岗位职责是落实高校教师聘任制的关键。高校在制订岗位职责时应首先明确自身的培养目标和发展定位，以确定教师不同岗位类别、岗位等级的岗位职责，并进行动态调整。岗位职责的制动需要掌握一个合理的"度"，既不能过分拔高而脱离实际，又不能让每位受聘者能轻易达到，造成岗位职责如同虚设的局面；既要有利于教师根据自己的实际水平和现实情况选择合适的岗位，又要有利于学校对受聘教师进行履职考核，从而促进教师提高工作质量和工作效率。具体来说，对于高级职务岗位的教师来说，岗位职责应适当高定，尤其要提高对高水平科研成果的要求，而对于年轻教师，或对于中级、初级职务岗位的教师来说，岗位职责应合理设定，让他们有充裕的时间打好基础。当然，也有专家学者对此有不同的看法，他们认为应当加强对年轻教师科研能力的培养，适当加大对其科研成果数量的要求力度，因为数量是质量的基础，没有数量的积累，也就没有质量的提高。至于具体选择，不同高校应深入分析本校年轻教师队伍或群体的特点，采取切实可行的方案，以真正实现对青年教师的激励，不断促进其发展与提升。

（三）健全教师准入制度，拓宽用人渠道，探索用人机制

在改革与完善教师聘任制的过程中，各高校必须把教师资格制度落到实处，同时，创造条件，建立、健全教师职业准入制度，严把入口关。严格选拔程序，坚持公正、公平、公开的选拔机制；重视同行专家和社会舆论的评价，要注重应聘教师的能力与素质，特别要全面考察其学术影响力和学术道德水平。

要打破高校内部之间，高校与其他行业、职业之间的体制性壁垒，积极探索合理的人才利用机制。针对不同层次、不同类型、不同职业人才的特点，探索灵活多样的人才聘任形式。坚持"不求所有、但求所用"的原则，加强对国内外教师资源及各行业精英人才资源的开发和利用，可以采取"柔性引进"、专兼结合、合作研究和邀请讲学等各种灵活措施，可以采取互聘、联聘、兼聘、返聘等多种聘任形式，还可以根据教师的实际情况，实行不同聘期的聘任制度，积极拓宽用人渠道，实现优秀人才的跨行业、跨地域、跨国界流动，从而最大限度共享优秀人才资源。在人员选拔体制上还要尽量避免"近亲繁殖"，应学习和掌握国外高校教师聘任制的运行特点，充分借鉴先进、成熟的人才选用经验。如美国的大学一般把本校毕业的教师人数控制在全校教师总数的1/3，并且基本上不直接留用本校的应届硕士生。德国的大学原则上不允许副教授在本校晋升为教授，教授一般从校外招聘，并规定至少应有3年以上校外工作的经历。妥善处理行政组织和学术组织的遴选权的关系，既要充分重视同行专家的意见和建议，又不能过多地进行行政干预。

通过高校教师聘任制的实施和改革，在借鉴国外灵活多样的高校教师聘任制聘任方式的基础上，我国各高校相继实行了长短聘期结合、专兼职形式结合的合同契约聘任方式。部分高校在不断探索聘任制的改革过程中还进行了"非升即走""非升即转"等政策的尝试，目的就是要打破教师终身聘任的"铁饭碗"，建立适合我国高等教育特点和高校发展趋势的教师聘任制度。

（四）加强聘后管理，建立科学全面的评价考核体系

聘后的动态管理是根据聘任合同的约定和绩效考核的结果，严格对教师进行管理的过程。在实践中，高校要克服重聘任、轻管理的做法，要彻底打破终身制，真正建立起"能进能出、能上能下、优胜劣汰"的竞争机制；要改变重使用、轻培养的做法，不断提高教师队伍的素质和水平；要改变重考核、轻服务的观念，关心教师，积极帮助他们解决一些实际问题，使他们能安心地进行教学科研工作。

聘后管理中的关键是进行全面的绩效考核。科学全面的评价考核体系是

落实教师聘任制的重要手段,不仅可以保障管理者实现预期目标,还有助于考察被评价者的现实能力和内在潜能,也是教师聘任制顺利开展和实施的重要保证。高校应根据学科类别与学科层次、岗位类别与教师岗位级别的具体情况,采取定量与定性相结合,重点考核与全面考核相结合,年度考核与聘期考核相结合,学生评价与自我评价相结合,行政评价与同行评价相结合,原则性与灵活性相结合的评价模式。高校既要考核业务能力,又要考核思想政治素质和职业道德;既要考核科研,又要考核教学;既要考核学术工作,又要考核社会服务工作;既要严格要求,又要体现人文关怀。

(五)降低管理重心,加强宏观管理与监督

学院、系等基层单位是教师开展教学、科研、人才培养工作的载体,也是学校与教师之间的桥梁。高校的人事管理体制要从学校集权的"尖型结构"中走出来,转向"战略型"目标管理。学校要在宏观指导和扩大基层单位的人事自主权之间寻找一个合理的支撑点,将教师聘任管理的一部分权力和责任下放到基层单位,通过明确的规章制度,强化基层单位的全局意识和责任意识,加强对基层单位的有效监督和科学指导,充分调动基层单位在教师聘任工作中的积极性、主动性和创造性,以利于更好地实现聘任制的目标。

(六)深化人事制度改革,积极完善社会保障制度

继续深化事业单位人事制度改革,积极推进高校人事制度改革的步伐,建立起适应社会主义市场经济体制和符合高等教育发展规律的高等学校人事管理制度。在用人制度、聘任制度、分配制度、评审制度等方面赋予高校更多自主决定的权利,使高校根据自身的发展目标、定位和办学特点进行创新和发展,促进高等教育事业的稳步前进。

进一步探索新型的人事管理制度,推行和实施人事代理制度,促进教师人事关系进一步社会化,使人事关系与劳动关系相分离,人才使用权与所有权相分离。人事代理制度进行的专业化、法制化、系统化、集约化的管理,更有利于人事管理的规范化和科学化,同时也为用人单位节省了人力物力,提高了工作效率。

积极完善社会保障体系,实现教师医疗、养老、社会福利以及住房问题的社会化,真正解除教师的后顾之忧。这对于教师聘任制实施过程中解决落聘人员的安置、促进人员的合理分配和流动具有十分重要的作用和现实意义。

三、实施聘任制应处理好的几个关系

（一）高校发展与教师价值的关系

高校的发展决定了高校需要通过提高办学质量、办学水平和办学效益满足和获得社会的需要和认可，教师的价值决定其需要通过提高教书育人和科学研究的水平，来获得社会的认可，两者的目标在总体上是一致的。教师聘任制的关键是要发挥好教师的主人翁意识，充分尊重教师个人的发展，激发其个体的内在潜能，引导教师把个人的发展并轨到团队的发展方向上来，将个人发展目标与高校发展目标相结合，并以高校的发展为保障和依托，为实现个人价值拓展空间。

（二）岗位与身份的关系

教师聘任制应淡化"身份"，强化"岗位"，身份可适当作为聘任的参考因素，而不应作为必备的要求来确定聘任的对象，聘任制应以岗位要求为主要考虑因素，根据应聘对象的能力与业绩来确定其是否能受聘。推进教师聘任制，可以强化以业绩与能力为导向的竞争激励机制，应弱化以身份为导向，使"身份"管理逐渐退出历史舞台，真正建立以岗位管理为核心的高校教师管理制度。

（三）人才队伍稳定与流动的关系

稳定是高校发展和教学、科研工作顺利开展的重要基础，人员的合理流动有利于教师队伍始终充满生机活力。聘任制的改革既要保持学校的安定团结和骨干教师队伍的稳定发展，又要推动人员的有序流动，体现改革力度，实现改革目标。通过真正实施聘任制，高校的教师队伍在动态的稳定中合理流动，从而实现了高校教师人力资源的合理配置，保证了教师队伍结构的不断优化。

（四）现实利益与可持续发展的关系

高校实施聘任制的改革是为了破除旧习带来的种种弊病，提高当前的办学效益，使高校在短期内体现出改革的成果，但同时，改革要为高校的未来留有可持续发展空间，以促进高等教育事业不断蓬勃发展。现实利益和可持续发展，是高校聘任制度改革必须兼顾的两个方面，因此，高校既要考虑当前学校的实际情况和学科建设、学术研究、制度管理的特点和要求，又要兼顾长远的组织建设、队伍建设、制度建设、目标建设和学科发展等问题，这是一个系统工程。

（五）激励与约束的关系

激励与约束是高等学校教师聘任制中具有对立和统一辩证关系的两个重要方面。高校既不能只有激励而无约束，又不能只有约束而无激励，应妥善处理好聘任机制中激励与约束的关系。激励应是合理有度的，应采用长期激励与短期激励相结合，物质激励与精神激励相结合的长效机制。约束是激发教师内在动力的有效方式，但同时又不能让教师处于长期焦虑紧张的状态中。通过聘任制实现激励，优秀的人才可以脱颖而出，其价值可以得到社会的认可，可以激发他们从事教育工作和科学研究的创新性和积极性，从而实现高校用人制度改革的目的；通过聘任制的竞聘、考核等手段的约束，高校可以对不合格、不称职的教师施加压力乃至将其调离工作岗位或解聘，促使教师始终保持积极进取的精神。激励与约束对立统一、相辅相成，共同支撑聘任制的改革和实施。

（六）职责中心下移和宏观指导监督的关系

院系是教师开展教学、科研、人才培养工作的载体，是教师人力资源使用的主体，也是最有活力的学术单元。要发掘教师潜力，提高教师素质，关键在于充分调动院系在教师聘任工作中的积极性、能动性和创造性；学校则要从以事务型管理为主转向以"战略型管理"为主，集中精力研究办学目标等重大问题，积极创造高校良好运行的制度环境，并多方筹措办学经费，争取加大投入。当前，高校将教师聘任管理的一部分权力和责任下放到院系，通过明确的制度规定，强化院系的全局意识和责任意识，加强对院系工作的科学指导和考核监督，有利于高校更好地实现聘任制的目标。

（七）统一思想、政策与因校制宜、分类实施的关系

在高等教育领域对教师聘任制形成统一的指导思想和行为规范是必要的，能够避免盲目冒进和无序竞争。目前，急需主管部门在总结和借鉴国内外高校成功经验的基础上，尽快出台一套系统的制度设计和政策措施，用以指导、规范高校的教师聘任工作。由于各高校实际状况及发展目标不尽相同，赋予高校一定的实施自主权和灵活性是完全必要的，这有利于他们立足自身实际，进行合理的策略选择，建立有利于自己学校发展的聘任模式。在高校内部，也要注意根据学科合理地配置人力资源，实现学科建设与人才学培养、科学研究的有机统一。

（八）改革、发展与稳定的关系

作为一项制度创新，教师聘任制的真正实施必然触及方方面面的利益。

有进必有出，有上必有下，有聘任就难免有落聘，总之，起步阶段绝不可能令所有教师皆大欢喜。但是，改革必须深化，没有阵痛就没有长久的健康，管理制度必须严格执行，聘任合同更要依法履行。发展是改革的目的，稳定是发展的基础，因此，高校必须本着对党的教育事业高度负责的态度，"心要热、头要冷、步要稳"，坚定而又稳妥地推行这项重大制度。对于落聘教师要积极做好安置工作，为他们提供再就业培训的机会，充分体现人文关怀，将聘任工作的震荡减到最小，真正做到"刚柔相济、波澜不惊"。

高校教师聘任制的改革是十分复杂的系统工程，需要在实践中不断总结和完善。各高校要从推进高等教育事业发展、加强高校教师队伍建设、提高教师队伍素质、优化教师资源的合理配置和促进高校教师人力资源管理的高度，来认识改革与完善教师聘任制的重要性，要以科学发展观为指导，借鉴国内外的先进经验，结合自身的发展特点和办学特色，不断推进制度创新。随着社会主义市场经济体制的不断完善和高等教育事业的全面发展，高等学校教师聘任制会逐步走上法制化、规范化的轨道，聘任制度改革的目标将会逐步实现。

第四章 高校人力资源绩效管理研究

第一节 高校人力资源绩效管理概述

一、绩效考核与绩效管理

（一）绩效考核

绩效考核是组织对成员一段时间的绩效进行考核，是对上一考核期内该成员工作的总结，考核结果为相关人事决策（奖惩、晋升、解雇、加薪等）提供决策依据。

组织根据实际需要，结合工作的具体特点，设计和选择有针对性的绩效考核方案。按照绩效考核的目的、方法和形式的不同，可以把绩效考核分成不同的类型。

①按绩效考核的性质划分：定性考核、定量考核。
②按绩效考核的主体划分：上级考核、自我考核、同级考核、下级考核。
③按绩效考核的时间划分：日常考核、定期考核、长期考核、不定期考核。
④按绩效考核的形式划分：口头考核与书面考核、直接考核与间接考核、个别考核与集体考核。
⑤根据绩效考核标准的设计方法划分：绝对标准考核、相对标准考核。

此外，根据绩效考核的目的和用途，还可以把绩效考核划分为例行考核、晋升考核、转正考核、评定职称考核、转换工作考核等。

（二）绩效管理

"绩效考核"和"绩效管理"，虽然只有两字之差，但是内涵相差很大。绩效考核中评估者与被评估者处于分离状态，双方对评估的项目、标准和目的都没有共同的认识，双方对信息、知识都容易造成误解，不利于团队的建设和组织绩效的改善，绩效考核到绩效管理是人力资源管理发展中必然要经历的转变。

绩效管理是一个过程，即管理者用来确保员工的工作活动和工作产出与组织目标相一致的手段和过程，它是一个完整的、全面的、持续的管理过程，事前计划、事中管理、事后评估，它侧重于管理者和员工互相沟通与交流，侧重于员工能力的培养，侧重于共同提高员工和管理者的目标和促进公司绩效的提升。

（三）绩效考核与绩效管理的关系

绩效考核与绩效管理关系密切，绩效考核是绩效管理的一个不可缺少的关键组成部分。员工只有通过绩效考核才能为组织的绩效管理工作提供资料，才能提高绩效管理水平，增强针对性，最终帮助组织获得理想的绩效水平。但是，二者也存在着明显的差异：一是绩效考核只是绩效管理这一完整系统的一部分；二是绩效考核注重结果，而绩效管理注重过程；三是绩效考核侧重于回顾，而绩效管理具有前瞻性；四是绩效考核注重成绩的大小，而绩效管理注重能力的培养。

（四）绩效管理的关键

①"四定"管理是基础。"四定"即定机构、定编制、定岗位、定岗级。尽管四定工作在高校中基本已完成，但在实际操作中仍存在因人设岗，部分岗位的职责模糊、责任及权利不明确，工作重叠等问题和管理真空现象。这些问题将给实行全员绩效管理、业绩考核带来难度。所以高校在开展"四定"工作时，一定要注意解决好这些问题，严格按照教育教学管理的需要开展"四定"工作。按工作需要确定机构、岗位设置，进行岗位说明书的全面梳理，重点解决当前部分岗位的职责模糊，责任及权利不明确的问题，消灭工作重叠和管理真空现象，为学校甄选员工、组织业绩考核等提供依据和指导，为员工的培训与职业发展指明方向，提升学校人力资源管理水平。

②建立科学合理的指标体系。通过建立全员业绩考核体系，确定指标管理责任部门、指标执行配合部门，并根据责任大小、指标完成难度合理确定相关部门、相应指标的权重。从制度上将学校与上级教育行政管理部门签订的年度业绩考核责任指标落实到部门、员工，通过"人人身上背指标、人人肩上担任务"的方式，形成员工队伍的合力。建立全员业绩考核体系，能够全面、客观、公正、准确地考核员工履行职责、完成任务的情况，对员工实施有效的管理与监督、激励与约束，确保高校各项业绩指标的完成。通过横纵比较方式，科学合理确定指标权重。各高校与上级签订的年度业绩考核责任状各项指标均与其下属的每个部门、员工息息相关，而各部门、员工由于

其职责范围不同，其对每项指标所承担的责任主配关系、责任大小也不同，这就决定了必须通过横纵比较方式合理设置每项指标的权重。

③有效的考核奖惩体系。全员业绩考核工作能够垂直考核到每一名员工，其关键在于以全员业绩考核为平台，建立有效的奖惩体系并严格执行。首先，应建立健全考核体系。学校应成立业绩考核领导小组，并将其作为"一把手"工程，由校长亲自挂帅，班子成员作为领导小组成员，应强化考核的决心和力度。领导小组下设考核办，考核办应由有责任心、能力强、敢抓敢管的同志负责，确保考核的严肃性、准确性、公正性。其次，要建立有效的奖惩体系及指标考核细则。总体指标与个性指标均以相应的考核制度、实施细则为依据，每项指标均要有奖罚的具体条件、考核要求，确保业绩考核过程中不出现无据可依、流于形式的现象。在制订各项指标实施细则时，要注意对原有直接处以罚金的条款进行修订，按照业绩指标规范统一采取扣分值的形式，以便统一考核兑现。最后，要规范考核兑现的程序。

二、高校人力资源绩效管理的流程

绩效管理是由六个相互联系的部分组成的循环系统，是一个循环往复的过程，包括绩效计划、绩效实施与管理、绩效考核、绩效反馈与面谈、绩效改进、绩效结果的应用。

（一）绩效计划

绩效计划是绩效管理的起点和关键环节，绩效计划的制定是从组织的战略目标和工作的岗位职责分析开始的，在这个过程中，管理者和被管理者在绩效期望的问题上达成一致意见，双方都明白自己及对方的目标，并朝着目标努力。

（二）绩效实施与管理

绩效计划制定后，被管理者开始按照计划开展工作，在实施的过程中，管理者要对被管理者的工作进行指导和监督，如果发现问题，及时解决。

（三）绩效考核

绩效考核，即根据已经制定好的绩效考核标准及目标，评定员工实际完成工作的情况。在考核的过程中必须制定明确合理的考核方案，包括考核内容、考核方法、考核程序、考核主体等。判断员工是否达到绩效标准的依据是能够体现员工绩效表现的数据和事实。

（四）绩效反馈与面谈

绩效考核之后，主管人员与下属进行面对面的交流，使下属了解自己的工作情况，即存在哪些方面的不足和需要改进的地方，下属也可以请求上级的指导，以促进绩效的提高。

（五）绩效改进

绩效改进是绩效管理过程中的一个重要环节，绩效管理的最终目的就是使员工能力不断提高、绩效得到改进，而不仅仅是将绩效考核的结果作为确定员工薪酬、决定其是否晋升的依据。

（六）绩效结果应用

上述过程都完成后，并不意味着绩效管理就结束了，还要将绩效结果投入到相对应的环节中去，如进行职务调整、继续培训与教育等工作。

三、高校人力资源绩效考核的方法与原则

绩效管理中，绩效考核是一个很复杂的环节，绩效评估的结果如何直接关乎着最后的结果的信度和效度。科学地选择合适的方法可以保证考核过程中的可操作性，更能促进最后结果的公平性和公正性。因此，选择一个合适的绩效考核方法是非常重要的。绩效考评的方法多种多样，分类也很多。

（一）绩效考核的方法

1. 比较法

比较法主要是一种在评价对象之间进行比较，进而得出评价结果的方法。例如个体排序法、配对比较法等。

2. 量表法

量表法是一种量化评价评价对象绩效的方法。例如评级量表法和混合标准量表法等。

3. 描述法

描述法就是以文字叙述的方式对评价对象的工作业绩、能力及态度等方面进行综合性评价的方法。具有代表性的方法就是关键事件记录法。

4. 360度考评反馈法

360度考评反馈法也称全视角考核或多个考评者考核。它是一种考评信息收集的方式，主要是从不同层次人员那里获取一些信息，并从不同的角度

考评管理人员并获得一些信息。

5. 目标管理法

目标管理法指的是在目标系统中，高层管理者在来年战略目标确定的基础上，将目标分解到各级人员那里，明确各级各部门在来年应达到的目标。每位员工的工作绩效的考核标准就是目标的分解。

6. 综合评价法

综合评价法指的是综合运用以上各种考核方法，以提高考评结果的客观性和可信度。实际上，高校在进行绩效考核时，大多会使用多种考核方法。

（二）绩效考核的原则

1. 客观性原则

客观性原则是绩效考核遵循的基本原则，所谓客观性，主要表现在设定的考核方式和考核结果两个方面，前者主要是指考核方法要根据实际的考核目标设定，不能脱离实际，后者是指考核的最终结果要符合讨论和分析的实际，不能贬低或者夸大，既不能歪曲事实又要遵循实际结果，只有保证考核的公平性才能保证考核结果能够获得被评价者的认可，实现人力资源的合理配置。

2. 公平、开放的原则

绩效考核关系着整个组织员工的利益，不论是管理者还是下属员工都必须重视绩效考核，每个人都应该参与进来，运用自身的能力实现绩效考核的有效化。这就需要在绩效考核中坚持公平、开放的原则，在考核时，要向被考核者明确说明考核的时间、标准及办法，要使他们了解考核的过程，鼓励大家积极参与、公平参与，保证绩效管理的顺利实施。

3. 经常化与制度化的原则

经常化和制度化原则主要是指绩效考核对于工作质量和工作效率的考核是不断变化的，而不是一劳永逸的。组织的发展都是依靠员工的不断进步得以实现的，这就要求，员工的绩效考核应成为一种经常化的事件，并形成一种必不可少的制度，定期坚持考核，及时发现组织工作中存在的问题，甚至是隐形的问题，与此同时，对员工的潜力进行观察和开发，以提高组织的整体竞争力。

4. 全面性与综合性的原则

所谓全面性和综合性原则，主要要求在绩效考核时对考核对象进行多方信息的收集，对考核对象进行全面的看待。要做到知其然，又知其所以然。总之，不能片面地看问题，要全面具体地进行考核分析。简而言之，绩效考核的全面性体现在考核渠道的多元化、考核方式的多样化及考核结果的综合化等方面。

5. 及时反馈与提升的原则

绩效考核后高校应将考核结果第一时间告知被考核者，使他们准确地认识到自己的不足，并及时采取解决办法，避免影响绩效管理的发展。如果被考核者不能及时获知考核结果，考核的价值就会随着时间的延长而不断地下降，最终失去最初考核的意义。考核结果如果不能受到被考核者的认可，高校就需要进一步分析原因，并找到好的解决办法。

四、高校人力资源绩效管理存在的问题及其解决策略

（一）高校人力资源绩效管理存在的问题

1. 校领导与教师之间的交流不足

在当前的高校绩效考核中，教师与校领导的沟通不足。教师在考核中处于被动地位，不了解考核内容和考核标准，只能盲目的表现自身的实力，领导也没有针对教师的实际情况进行考核，当然也就无法反馈实际的有效信息，不能促进教师的工作改进。考核科学性不足、严谨性不够，只能片面地反映教师的工作问题，无法提高教师的工作业绩。教师与校领导之间信息沟通的不完整性，消除了绩效考核的作用，不利于教师教学水平的提升。

2. 考核方法不合理

绩效的考核有多种方法，而高校在实际考核时，只使用一两种，无法多方面考核教师的综合实力。每个教师的专业知识的侧重点是不一样的，针对不同的教师高校要根据实际情况建立不同的考核方法，若考核方法不合理，教师就无法发现自身的问题，会让教师过分侧重考核结果，为了考核去考核，无法提高教师的自身实力与知识技术水平，同时也浪费了学校的财力、物力等资源，削弱了高校的资源储备，阻碍了高校的发展。

3. 绩效考核结果使用不当

绩效考核结果是高校对教师发展存在的问题提出解决策略的重要依据。当前的高校仅仅将考核结果与教师的工资挂钩，误把金钱这种物质需要当作教师的当前需要，疏忽了教师的精神层面的需要。不注重教师的人文关怀，满足不了教师高层次的需要，对教师没有采取具有针对性的激励方式，无法

引起教师的共鸣，将考核压力作为教师前进的动力，忽视了教师的个人感受，教师在考核中没有得到该有的认可，教师考核的积极性不高。

（二）高校人力资源绩效管理问题的解决策略

1. 建立沟通渠道

校领导要与教师进行良好的沟通，高校要建立畅通的沟通渠道，让校领导与教师及时沟通，在教师遇见问题时，校领导要及时纠正教师的错误，给予有效的改进措施。高校要明确考核目标和考核内容，针对教师实际情况进行考核。在沟通过程中，校领导要用平等的身份去和教师沟通，不能拉大与教师之间的距离，要具体问题具体分析，给教师指引正确的前进道路。高校要定期开会，针对当前阶段教师的问题提出下一步的发展策略，提高绩效管理的准确性，提高教师的教学水平。

2. 使用多元化的考核方法

绩效考核作为绩效管理的重要环节，高校要用多种方法对教师进行考核。在考核前，要采集足够的考核信息，了解每位教师的专业知识侧重点，不能只采集领导的意见，要采集同事、学生的意见，全方位进行考核，提高考核的科学性、合理性，在提高教师绩效水平的同时让教师发挥自身的技术才能，给予教师足够的发展空间。在考核教师时，要根据教师的教学育人、科研等多种标准，简化考核程序，减轻考核者与被考核者双方的压力，引导教师正确发展。

3. 合理运用考核结果

高校要正确合理地运用考核结果，在满足教师物质层面的需要时，也要满足教师精神层面的需要。将考核结果与薪资高低、岗位调动、职称评选进行有机结合，多方面调动教师的积极性。高校要以人为本，对教师进行足够的人文关怀，举办教师文化节，展出教师的优秀作品，了解教师需求，购买大批量的专业书籍，组织集体出游活动，促进教师团队的团结，提高教师对考核的信任度，开拓教师视野，促进教师和高校的共同发展。

第二节　高校教学人员的绩效管理

一、高校教学人员的绩效管理的内容

目前，还没有形成完整的教师绩效管理理论，要想顺利开展教师绩效管理，就必须要建立一套完善客观的教学人员绩效评价体系，教师绩效评价和教师绩效管理其实有很大的区别，后者是在前者的基础上发展起来的。

（一）教师绩效评价理论

1. 教师绩效

教师绩效，是指在一定的条件和时间下，教师为完成某目标而取得的业绩、效果和效益。绩效包括多方面的内容，如教学效果、教学质量、职业素质、育人能力等。

2. 高校教师绩效评价的特点

由于教师教授知识不等同于其他劳动，他们需要学习专业的知识，将自己的方法和能力转换成具体的知识、方法、智慧，教师需要不断地学习和进步以满足学生对于知识的需要。在育人方面，教师更是担任着非常重要的角色，教师的言行举止、仪表衣着、道德素质、为人处世等都在无时无刻地影响着学生，教师需要有较高的涵养和丰富的知识来胜任这个岗位。

（1）教师教学成果难以量化

教师的工作时间具有弹性，工作强度高，劳动成果具有很大的价值和意义，教师在教学过程中要对学生负责，所以他们付出了很多的精力和时间。对于他们向学生传授的知识和能力，在短时间内无法测量出来，教育效果有滞后性，只能等很长一段时间后或者等学生踏入社会后才能显现出来，到底如何使社会公平公正地认可教师的教学成果，是一个难题。因此，教师的教学成果难以量化。

（2）教师教学成果的评价标准不同

学生进入社会后，社会对学生知识和能力的检验标准也不一样，然而社会和学校的管理者，还有学生对教师的考核标准都不一样，如何有效地衡量教师的劳动成果，以什么标准来衡量，是一个难题。学生对于教师的要求是教学有方、互相尊重、给予学生表达的机会、双方平等地交流、公平公正地对待每一位学生；学校认为教师应充分挖掘每一位学生的潜力，为他们提供和创造学习条件，给他们讲解知识，理解和信任学生。新时代的教师应该具有三个方面的能力：教学能力、专业知识能力、品德素质能力。

（二）教师绩效评价的方法

1. 微格教学评价

这种方法指的是管理者通过录像的方式将教师的讲课风格记录下来，教师讲课 5~10 分钟，可以展示自己的教学方法、教学特长等，各个评价主体可以通过录像观察教师并评价。

2. 课堂听课评价

这种方法比较直观，管理者直接到教师教课的教室，亲自感受教师教课的效果和方法，对其进行评价，进而对教师的优缺点进行总结，方便教师以后的进步。

3. 档案袋评价

档案袋评价是将教师的整个工作的信息记录下来，放到档案袋中，管理者一定要搜集好信息，做好记录，不断地和教师进行沟通，确保信息的有效性。在对教师进行考核时，将档案袋内的资料作为评价的依据。

4. 末位淘汰评价

末位淘汰评价，即管理者按照一定的标准对教师进行绩效考核，并考核结果进行排序，淘汰相应的人数。

5. 360度考评

360度考评是一种全面、多角度、全方位地对教师进行评价的方法，评价的主体有教师本人、同事、上级（管理者）、下级（学生）等。

6. 层次分析法

层次分析法是一种定性分析与定量分析相结合的方法，运用层次思维的框架，对多目标、多准则、多层次的一些复杂问题进行分析与评价，该方法非常有效和实用。

二、高校教学人员绩效评价体系的建立应注意的问题

（一）摆正教学与科研的关系

教学与科研之间存在着内在的联系，科研可以充实教学内容，而且科研上颇有建树的教师对学生有更强的感召力。离开科研，教学水平就难提高上去，专业课的教师不搞科研，教学肯定不会创一流水平；同时，为了保证教学质量，完成本职工作，无论哪一级职称的教师都要潜心搞好教学，边教学边搞科研，教、研结合，相得益彰。学校要支持鼓励教师承担重大科研项目，这是出人才、出成果的重要途径。

（二）要突出创新精神

21世纪是一个科技创新的世纪，高校要适应社会的发展，就要培养创新人才。而要培养创新人才，教师就必须首先具有创新意识，实施创新

教育。创新教育是一种对受教育者进行良好的心理素质训练和创新能力训练的教育，它认为知识的学习不是教育的最终目的，高等教育也不是教育的终结，更重要的是让学生掌握科学的方法，为学生以后走上社会接受终身教育打下基础。因此，高校要引导教师按照这个要求和目的，树立全新的教育观念，优化课程体系，改革教学方式，使学生学会学习之道，从被动接受知识转变为主动建立自己的知识和能力体系。为此，高校要对现有教师进行创新素质和能力测评，对于那些难以对学生进行创新素质和能力培养的教师要有针对性地进行教育和培训。要不断改善教师待遇，真正提高教师地位，把具有创新意识和能力，并适合从事创新教育的人才吸引到教师队伍中来。

（三）要强化团队精神

在竞争中合作，在合作中竞争，这是现代社会的显著特征。西方一些学者在研究知识经济社会的竞争特点时也提出了"合作性竞争"这一新概念。新世纪的高校教师不仅要有相当宽的知识面，还要有团结协作精神，能与不同学科和专业、不同学术观点的人进行广泛的合作交流，联合攻关，才能攻克重大课题。高校教师的职业性质决定了无论是教学还是科研唯有形成结构合理的群体才能发挥巨大的作用。学会合作、善于合作也日益成为新世纪高校教师的基本素质之一。因此，应该把高校教师的团队精神、配合精神、良好的人际关系等内容纳入评价体系。

三、高校教师绩效考核需解决的问题

（一）考核的目的问题

高校教师绩效考核的目的，一方面是了解教师的绩效，并通过反馈实现教师绩效的提升和学校目标的达成，另一方面是鼓励教师提高工作能力，丰富知识和技能，并实现优胜劣汰。

（二）建立考核体系的问题

高校建立完善的绩效考核体系应注意以下几个问题：

①应明确教师的责任。通过对教师工作的具体分析，确定每个岗位的计划任务，让每位教师清楚地知道自己的工作计划和价值；明确岗位的职责任务，分析、归并、提炼出岗位考核的关键业绩指标，让教师对自己工作的流程与职责有十分明确的认识，让每位教师从心理上进入状态，接受考核。

②考核内容和标准的确定。在这里可以借鉴美国的做法，美国私立高校

的教师按合同办事,教师职责明确,服务意识很强,根据学校的定位,研究型大学要看科研,一般的本科院校要看教学,社区学院的教师,科研只是兴趣不与奖金挂钩。教师的绩效中可考核的指标一部分与其工作产出直接相关,也就是直接对其工作结果的评价,另一部分绩效指标是对工作结果造成影响的因素,如工作态度、思想素质等,它们通常在工作过程中表现出来,因此,就需要在绩效考核体系中既有过程指标,又有结果指标,例如,工作业绩占考核权重的 50%~60%,态度、能力、品行等因素占 40%~50%。

③考核者的选择问题。学生是教育教学活动的直接参与者,学生的发展是教师工作的重心和目标,他们对教师的教育教学活动以及师生交往有着最直接的感受和判断。高校生存的最大资本是生源,学生是高校的"顾客""上帝",学校教育的目标就是培养合格的人才,满足"顾客"的需求,教师则是这一过程的直接执行者。教师教学的好坏理应先得到学生的检验,这也是目前学校应用比较普遍的教师评价方式,但学生评价也具有一定的局限性,例如,学生把对某位教师的好恶带进教师评价当中致使评价出现某种程度的偏差。因此,高校教师评价离不开学校管理者的参与,人力资源管理部门应根据教师工作的特点、各岗位应达到的要求,制订考核标准,对教师的德、能、勤、绩进行全面考核,将考核结果反馈给教师,以利于教师提高工作绩效。

④考核的沟通。考核前和教师沟通可以了解员工的状态和想法,以便制订工作计划和绩效目标,将考核结果反馈给教师本人,则有利于教师及时发现问题,并改进绩效。科学地评价各部门、各个员工对实现整体目标的贡献程度,同时通过配以合理的竞争机制作为牵引提高个人的工作能力和工作绩效,从而提高组织整体的工作效能,最终实现组织战略目标。通过绩效管理,员工将知道管理者希望他们做什么,必须把工作做到什么样的程度等。因此绩效考核的关键是让员工明确考核什么,如何考核,谁考核谁等问题,通过薪酬政策与考核结果的结合来解决有效激励的问题并促进绩效的改进和提高。

第三节 高校管理人员的绩效管理

一、高校管理人员绩效评价的内容

(一)高校管理人员绩效评价的相关指标

1. 工作态度

高校管理人员的工作态度是绩效考核工作首要关注的指标。这是由于管理人员的工作态度往往能够直接影响管理工作的质量，因此，必须对管理人员的工作态度进行重点考察。通常情况下，高校应对管理人员是否具有职业责任感，是否具有团队精神以及是否具有工作积极性等进行细致考核。

2. 工作能力

高校还应对管理人员的工作能力进行全面考核。而管理人员的工作能力往往能够通过其对相关理论知识的应用程度体现出来，而管理人员在日常工作中对事务的处理能力，也能够在一定程度上反映出管理人员的工作能力。另外，管理人员对语言艺术的应用能力也是工作能力的一种体现。

3. 工作业绩

工作业绩也是对高校管理人员进行绩效考核的重要指标。因此，高校应重视对管理人员工作业绩的全面考核。而在对管理人员的工作业绩进行考核时，决不能只重视管理人员的工作时间与处理事务的数量，而应将管理人员工作的效率作为考核的主要指标，也就是要看管理人员做了多少有质量的工作。只有这样，才能让管理人员更加重视本职工作，才能调动管理人员的工作积极性，让管理工作的效果有所保障。

（二）高校管理人员绩效评价的特点

高校管理人员包括从事行政和管理工作的所有人员，可分为高层管理人员、中层管理人员和基层管理人员。高校管理人员的工作对象是老师和学生，需要处理的事务会随着个人职务的上升，而变得越来越繁杂，因而对知识和技能的要求也会变得越来越高。高校管理人员绩效评价的特点主要表现在以下几个方面：

①工作复杂度高，不易量化。高校管理人员的工作主要以团队合作为主，难以精确衡量其个人绩效。特别是在政策制定和方法创新等方面的工作效果具有滞后性，很难在短时间内有较大的转化价值，所以更难用数字化指标进行评价和测量。

②工作过程难以监控。高校管理人员的工作大多以脑力劳动为主，属于思维性质的活动。通常这些人的劳动过程是无形的，没有固定的程序和步骤，因此很难对工作过程进行监控，而这也加大了绩效评价的难度。

③工作的主观能动性强。高校管理人员一般倾向于拥有一个富有弹性的工作机制，强调工作的主观能动性，要求工作时间和工作场所等方面具有一定的灵活性，向往宽松的组织氛围。其工作性质并不是类似于重复性的流水线工作，相反这类人员的工作大多富有创造性，因此在评价过程中需要重视

在不确定工作环境中个人潜能的发挥情况。

（三）高校管理人员绩效评价的方法

1.360度绩效考评

360度绩效考评是当前一种新型的考评方法，其具体是指对管理人员进行全面无死角的考核与关注。其中应包括直接领导的评价、同事的评价、下属的评价与自我评价等多方面的评价。而这种全方位的绩效考评方法其本质是进一步增加和扩大了参与绩效考核工作的人员数量与范围，让人们尽可能全面地对管理人员进行评价，为绩效考核工作提供了全面而多样的数据参考，有效地提高了绩效考核工作的准确性，确保了绩效考核工作的全面性。

2.关键事件法

而关键事件法也是一种能够有效对管理人员工作进行考评的方法。这种方法主要是指由工作分析人员与管理人员对与工作岗位相关的信息数据等进行细致的收集，并对该岗位的特征进行细致分析，明确该岗位对工作人员的具体要求。在实际工作中，相关工作人员应对管理人员的工作进行细致的记录，其中包括好的行为与不好的行为。而这一记录能够对管理人员的绩效考核工作起到重要的参考依据作用。

（四）高校管理人员绩效评价的必要性

绩效评价本质上是一种过程管理控制，而不仅仅只是对结果的考核。绩效评价可以视为一个"制定计划—执行计划—更改计划"的反复过程，体现在整个绩效管理的各个环节中。高校作为事业性单位，开展富有成效的绩效考核是提升其自身管理水平的一个重要方式，而在这其中对于高校管理人员的绩效评价则成了重中之重。以下几点归纳总结了对高校管理人员开展绩效评价的必要性。

①绩效评价可以为高校管理人员提供培训依据。培训课程开发是人力资源管理的一个重要任务，培训可以使管理人员在技能、知识和工作态度方面得以改进，以达到组织的要求。绩效评价可以为管理人员实施培训提供参考依据，利用绩效评价所获得的信息，管理人员可以了解当前自身与组织绩效之间的差距，并有针对性地展开培训。

②绩效评价有助于高校了解管理人员的工作状况。高校只有对管理人员进行绩效评价，才能及时、正确地了解并掌握他们的工作现状，找出工作中可能存在的问题，并加以纠正，进而提高他们的工作水平和工作效率。

③绩效评价可以加强管理人员的内部沟通。每一次的绩效评价都可以看作一次破除误解、增进感情的机会。绩效评价可以加强学校内部人员沟通的有效性，帮助彼此建立起相互信任的关系。此外，沟通还可以帮助管理人员强化已有的正确行为。

④绩效评价可为薪酬及奖金分配提供参考依据。目前国内高校大多实行二级分配制度，要想让二级分配兼顾公平和效率，就需要在绩效评价结果的基础上进行合理分配。依据管理人员的工作表现，建立与之相对应的薪资奖惩制度，有助于提升管理人员的工作主动性和积极性，可以对他们产生良好的激励作用，形成锐意进取的工作氛围。

⑤绩效评价是提升高校整体管理水平的重要途径。管理人员的绩效评价结果能在一定程度上反映出该学校管理水平的高低。一方面，高校通过绩效评价可以掌握管理人员在其各自岗位上的业务水平、工作业绩及工作能力；另一方面，绩效评价可以帮助高校发现人力资源管理过程中的不足，以期制定出更有效的绩效考核方案来提升学校整体管理水平。

⑥绩效评价是干部选拔任用的重要参考。绩效评价能够帮助高校了解每个管理人员的能力、态度和特长，能够为干部选拔提供可信的依据，能够将岗位和人员进行最优化匹配。

二、高校管理人员绩效管理存在的问题

在高校管理体系中，绩效考核是不可缺少的组成部分，高校需要通过绩效考核来确定薪酬、升迁、职务调整等人事决策。在现阶段的高校管理人员绩效考核的实践中，出现了不少难以解决的瓶颈问题，主要集中在以下几个方面。

（一）分解目标不到位，考核目标模糊

高校为了取得更好的发展空间，得到社会的广泛认可，需要根据校情来制订切实可行的发展规划，具体可分为长期战略目标、年度计划目标、阶段对应目标三种。而简单、笼统的绩效考核显然已不能与发展目标相匹配，沿袭通用的事业单位考核规定，考核标准过于笼统模糊，没有把高校发展战略目标纳入考核中来，更没有对战略目标在考核设置指标上进行转化和分解，无法使其分解为个人考核目标。

高校需要实施高效的绩效考核机制，必须要把学校工作目标放在首要位置，以上级的工作目标是下级的工作计划为原则，在工作中要认识到下级的工作计划并不是凭空制定的，而是通过对上级目标进行分析和细化而产生的，

由此而形成严密的考核网络。同时还要引起重视的是，绩效考核系统并不是一成不变的，需要根据形势变化而灵活调整。我国很多高校在绩效考核时，把考核结果与年终奖相结合，具有单一性和局限性，没有把绩效考核的延伸作用发挥出来，考核形式化、指标主观化、目标模糊化成为部分高校日常绩效考核中的通病。

（二）评价尺度不恰当，缺乏合理的考核指标体系

很多高校在进行考核时，仍然简单地从德、能、勤、绩出发，没有针对职务和岗位进行划分，评价尺度单一甚至评价尺度错误的情况时有发生。由此可知单一的评价标准是片面的、错误的；德、能、勤、绩这几点虽然重要，但是考核内容以描述为主，量化度低，在管理时由于可操作性差，考核无法落实，只流于表面形式，激励作用不大。考核管理涵盖很多内容，最为重要的是设置有效的绩效考核指标，并将这些具体的指标整合起来，构建整合出一套角度多样、层次丰富的考核模式。一些高校在进行指标设置时缺乏合理性，评价内容过于肤浅，指标设计以突出"勤"和"能"为主，极少涉及其他实质性的方面。高校管理与企业管理是完全不同的，两者存在着本质的区别，所以在考核方法的选择上要考虑高校管理工作的特点和规律。

（三）评价可信度低、误差明显，缺乏完善的绩效反馈机制

在目前的高校评价方面，由于评价指标没有量化，考核方式单一，主观评价仍然是主要方式，由此而产生的后果是考核可信度差，误差大，其中最为突出的是宽厚性错误和趋中性错误。宽厚性错误指的是领导在进行评价活动时，不愿意得罪下属，选择做好好先生，给行政人员的评价过高，脱离实际；而趋中性错误的含义是考核结果过于集中，如考核结果大多数是优秀，几乎不存在其他结果的情况。考核由于并不具备可信度，对于优秀管理人员来说是不公平的。绩效反馈最直接的方式是通过面对面谈话等方式将绩效考核的结果有计划地告知考核对象。从高校的现状来看，高校对于反馈机制的重要性并没有形成正确的认知，再加上缺少对应的规范机制，使得考核对象在没有充分理解考核内容的前提下就参与到考核中去，被考评者无法通过畅通的反馈渠道准确、充分地了解绩效考核的作用，绩效管理无法发挥出其应有的作用和价值。

三、高校管理人员绩效管理问题的解决策略

（一）正确把握和理解绩效管理的本质

高校行政管理人员首先必须树立科学的管理思想，高校绩效管理主要包括的内容有绩效制定、绩效沟通、绩效考核、绩效评价以及绩效目标的提升。绩效管理需要全员的参与，每个行政人员理应认识到自己是其中的一员。绩效管理的根本目的就是通过绩效计划、绩效执行及绩效反馈了解行政人员的工作现状、其工作过程中面临的困难以及存在的问题，更好地促进其个人的成长以及组织目标的达成，增强和提高行政工作人员的竞争意识和工作效率。

高校应根据实际情况制定符合本校特点的行政人员绩效管理体系，并根据实际变化不断完善这一体系。在绩效考核中，应鼓励考核实施者与行政人员积极沟通与合作，真正做到深入了解和如实反馈，达到组织与个人共同发展的目的，从而激发行政人员的工作热情和发展潜能。

（二）建立科学的绩效考核指标体系

高校管理人员不同于一线教师，其工作效率和工作结果很难量化。因此，高校在开展管理工作时，首先需要以自身的实际情况为出发点，建立完善的绩效考核指标，将定量考核与定性考核相统一，并随时根据高校的实际发展变化，完善绩效考核评估指标，以德、能、勤、绩为一级指标。所谓德，是指被考核人员的政治思想表现和职业道德表现；所谓能，主要指工作能力，其中包括了被考核者的专业水平、知识掌握水平以及管理能力等；勤，主要考核的是管理人员的工作态度，比如管理人员是否积极，在工作过程中是否敬业等；绩，主要考核的是管理者在管理过程中完成工作的质量，其中主要包括了工作质量和效率，以及带来的实际效益。另外，需根据实际岗位情况设定分级指标，指标权重分配要多方多级合理地考核指标体系，确保考核指标的科学性、可执行性。

（三）建立切实可行的考核监督机制

除了建立健全科学的考核指标体系，明确工作职责外，还应从工作实际出发，建立有效的考核监督机制。监督并不仅是针对某一时间段、某一方面，而是贯穿于整个日常工作，合理的监督制度有利于工作人员摆正工作态度，打破绩效考核人员对考核信息的垄断，充分保证绩效考核的公平公正，保证绩效考核评估机制高效执行，从而达到真实反映工作情况，提高员工工作积极性的目的。

(四）建立有效的绩效考核结果反馈机制

高校的人事部门往往对绩效考核过程的准备、动员、组织实施等阶段都比较重视，但往往会忽视结果反馈这一重要环节。考核结果反馈的缺失会严重影响绩效考核的效果和绩效目标的达成。绩效考核结果反馈分为两个方面：一是向领导反馈，使上级对被考核人有更加全面准确的了解，能有针对性地对其进行思想指引和工作引导；二是向被考核人及时反馈情况。人事管理部门应当委派专人或委托被考核人主管进行绩效面谈，听取被考核者的意见及自我评价，同时帮助其分析工作中取得的成绩和存在的不足，并提出改进意见，以争取未来获得更好的绩效。另外，还需要帮助他们设计和审视未来的职业生涯，以帮助他们成长和发展。这样有助于提高大家对组织的亲近感、信任感，又有助于推动组织发展目标的实现。如果绩效管理体系本身存在问题，应及时、认真、审慎改进。

（五）慎重选择考核主体，保证绩效考核队伍的高素质

根据行政管理者的岗位特点，有选择性地选择一些考核主体，同时考核人员还应该考虑被考核者的素质以及考核主体的人数分配等，进而保证考核结果的公平性以及合理性。考核人员的考核水平以及职业素养也会给考核结构带来影响。由于受到各种条件因素的影响，大多高校都未能设置专职专业的考核机构。因此，考核人员在职业水平、职业理念、职业熟练度方面必然受到一定影响。所以，高校必须加强对考核人员的培训，并且尽量保持考核队伍的相对稳定，这样既能保证队伍的整体水平，又能节约管理成本。

第五章 高校人力资源培训与开发研究

随着社会的进步和科技的发展，我国在经济方面取得了不小的成就。而国家经济增长和社会进步的一个重要因素就是人力资源的开发和培训。高校作为人才培训与开发的基地，高校的人力资源培训和开发的有效性对于国家的未来有着十分重要的意义。高校人力资源的培训和开发本身就是一个复杂的体系，涉及校内外的各种环境因素和思想因素。本章主要从高校教学人员以及高校管理人员两个方面来讨论高校人力资源的培训与开发。

第一节 高校人力资源培训与开发理念

培训与开发是高校人力资源管理的重要环节之一，高校进行人力资源的培训与开发具有重要的现实意义，本节主要从高校人力资源培训与开发的重要性、原则及主要环节等方面来讲述高校人力资源的培训与开发。

一、高校人力资源培训与开发的重要性

培训是使人获得有助于实现组织目标的能力的过程，主要是针对岗位需求对劳动者进行相应的培训，主要目的是使一般水平的人能够胜任相应的工作岗位。高校人力资源培训的目的是使受训对象获得目前工作所需要的知识和能力。比如通过示范，教一名年轻教师如何上好一节课，或教一名管理人员如何有效地管理日常工作，这些都是培训。开发可以看成提高员工当前工作所需能力之外的能力的手段，它反映了组织为提高员工处理各类任务的能力而做的一切努力。开发对组织和个人均有益。然而高校人力资源的开发是针对校园教师的开发，即采取比较有效的手段对具有岗位需求能力的职员进行能力的挖掘，从而提高职员的整体素质。人力资源的开发要保证职员能力的最大化利用，实现人力资源质量的提升，使高校获得最高的经济效益。

对于企业来说，在全球竞争的时代，人力资源的质量已成为组织获得成功的有效砝码，培训和开发人力资源成为人力资源部门的重要职能与任务。

一般比较优秀的组织都有自己的一套培训机制,因为在以人为本的组织里提高员工的素质,使之能更好地适应工作是十分重要的,员工一般会十分看重组织的培训,经过培训的员工身价会大大提高。

在高校,培训能有计划地帮助学校的新教职员工(包括教师、管理人员、后勤工作者等)或已有教职员工进行学习、操练和开发,使其在知识、技能及完成某些特殊工作方面有所提高。培训与开发的意义在于帮助教职员工掌握一般的基本技能,提高教职员工的工作积极性和创造力,最终提升学校的竞争力与优势。培训与开发可以视作一种从更广泛的意义上创造智力资本的途径。智力资本包括完成工作的基本技能,与人共享知识和技能以及信息沟通的能力,在工作运作中的理解、创作及拓展能力。所以,培训与开发对于个体来讲是一种提升,可以有效挖掘个体的潜在能力;对学校来讲也是一种提升,对提高学校的声誉以及学校的竞争力有很大帮助。

二、高校人力资源培训与开发的原则

(一)从事实出发,以自然顺应为法则进行人力资源的培训与开发

针对人力资源的开发和培训首先应该以组织日常管理的实际现象为立足点,着眼于被开发者日常所见所闻中的实际现象,对待被开发者的培训应该顺其自然,使他们自然而然地掌握培训知识。

这一原则的实用性在人力资源开发和培训的初始阶段尤为明显。这个初始阶段就是培训和开发最初一些理念和技能形成的阶段,比较常见的就是高层领导对新来上岗培训的教师进行观念的灌输。

这一原则来源于夸美纽斯的大教学论,并发展成为教育的依据。在夸美纽斯的教育思想中最重要的是教育的顺其自然的思想。所以,对于人力资源的培训和开发的法则需要从自然中获得,必须顺应自然。自然法则是由易到难的,培训也是如此。自然的事情都是不需要强迫的,鸟出笼、水下流都是自然而然的事情,培训和教学也需要顺应自然,在自然中激发被开发者的求知欲望。

(二)从培养兴趣入手,系统化地进行人力资源的培训与开发

这一原则认为,在人力资源的培训与开发过程中,必须注意培养被培训开发者的相关兴趣,引起他们的注意,并围绕其应掌握的某一知识、技能,建立相对完整的培训与开发系统。这一原则适合于人力资源培训与开发过程中的任何阶段,适合于人力资源培训与开发的任何客体与对象。

这一原则是源于赫尔巴特的教育思想,后也成为教育学的理论依据。赫

尔巴特认为，只有能够让人感觉津津有味的东西，人们才能在学习中迅速地掌握。在人力资源培训时应该将原来和培训知识相关的东西隔离开来，让被培训或开发者能够更加清晰地认识所需要的知识。让知识在关系中联系又分类，是为打破原有旧的关系体系，从中寻找新的定义和规律。

（三）在活动与疑问中进行人力资源的培训与开发

这个原则主要说明人力资源的培训与开发的过程是个实践过程。被培训或开发者要意识到知识和技能是不能够学完的，是无穷尽的，关键是要在培训中养生良好的思维习惯，并在实际中进行创造性思维的应用，单纯的知识和技能累计达不到培训和开发的目的。

这种原则对于技能和智力的开发具有较强的实用性。这个原则来源于杜威的教育思想，杜威认为，思维的来源是疑难，疑难来源于实践，实践促进思维的产生。萧鸣政在其所著的书中提出了依据该理论进行培训与开发的基本步骤：第一，要安排一个对被开发者比较有吸引力的活动，让被开发者处于一种十分有利的情境中；第二，安排一个比较真实的问题在情境内部，以便刺激被开发者的思维；第三，提前安排被开发者储备知识，以便解决后来遭遇的难题；第四，要敦促被开发者积极地解决问题，负起责任；第五，制造机会，对被开发者的思维进行实际检验。

（四）以"最近发展区"为依据进行人力资源的培训与开发，以开发促发展

这一原则认为，在现有的知识经验背景指导下，知识和经验的形成速度比较慢，不适合现在信息化急速发展的社会的资源开发。这一原则适合于技能开发、能力开发与思想品德的开发。这一理论的教育依据是赞可夫的教育思想，他认为教学要走在学生发展的前头。他的理论同样可以引申到人力资源的培训与开发中。

（五）通过典型案例进行人力资源的培训与开发

这个原则认为，人类的知识用之不尽，取之不完。但总有小部分的知识作为关键力量在推动着事物的发展，甚至可以说80%的知识需要20%的精华来支撑。从人力资源的角度来看，我们精选的本质因素和基础因素就是人力资源中的典型，这些典型因素是人力资源培训和开发需要掌握的重点，一旦重点掌握，就会达到事半功倍的效果。所以，我们在进行人力资源的培训与开发的过程中，应该去粗取精、去伪存真，保证留下最有效的东西。人力资源开发和培训要保持最真的本色，找到关键因素，联系实际，帮助开发和

培训的对象能够正确、全面地认识知识和技能。我们要充分利用案例的引导和基础性作用，在培训和开发的时候最大限度地发挥它们的应用价值。

三、高校人力资源培训与开发的主要环节

高校管理人员的培训与开发与企业内部员工的培训与开发一样，包括培训与开发的需求分析、培训与开发的目标确定等几个大致的步骤，具体过程：首先是培训与开发的需求评估，其次是培训与开发目标的建立，再次是培训与开发的具体实施，最后是培训与开发的效果评价。

（一）人力资源培训与开发的准备阶段

高校人力资源培训与开发的准备阶段在基本程序上与一般的人力资源培训与开发无异，也由培训需求分析和培训目标的确立两个方面构成，但本阶段所需准备的内容则与高校的实际情况紧密相连。一是分析高校人力资源的培训与开发需求。在人力资源培训和开发工作开始前，要对本单位人才数量、质量及结构等基本情况进行深入调查，同时要结合本单位的实际现状和近年的发展要求对人才资源进行调查和统计，结合统计结果，制订符合高校实际情况的发展规划。这些都是为了确保人力资源的培训和开发能够坚实、可靠。二是明确高校人力资源培训和开发的目标。人力资源培训和开发总目标的确定，需要满足高校人力资源职业素养和时代发展的需求。高校人力资源应该具有良好的文化素养，并且有奉献和敬业精神，在理论和实践中具有较强的教育能力和研究能力。因此，高校人力资源培训与开发的总体目标，既要保证高校人力资源对专业性知识和技能的掌握，又要加深他们对社会的理解，使其对自身的实践进行思考，强化竞争和合作的意识。高校人力资源培训与开发的具体目标如下：进一步加强高校人力资源培训工作的制度化和法制化建设，完善高校人力资源培训与开发工作的组织管理体系；全面提高教师的专业素质和学历、学位层次；重点培养一批中青年骨干教师和学科带头人；提高学校管理人员及后勤服务人员的能力和素质。

（二）人力资源培训与开发的实施阶段

在这个阶段，对于高校人力资源培训与开发计划的制订，应考虑的是如何使被培训与开发者对培训开发的内容学以致用，这是高校人力资源培训与开发工作的灵魂。人力资源参加培训，除了补充岗位所需知识外，更重要的是通过培训，开发自身潜力实现学以致用。在高校人力资源的培训与开发工作实施中，理应注重培养他们的职业道德、强化他们的专业知识及开拓他们的创新思维，这对于他们的工作和学习能力的提升有很大的帮助。同时，也

要把追踪国内外高校的最新工作成果和科学研究动态作为高校人力资源培训与开发工作的重要内容。

1. 注意高校人力资源培训与开发途径的选择

一般来说,高校人力资源的培训与开发有以下几种途径。

(1) 学历教育

国家对教师的学历要求越来越高,对高校教师学历的要求一般是硕士以上,因此高校教师"过硕"和"攻博"还在热潮之中,甚至有人已经是"博导",但自己却不是博士,因此只得"停导"去"攻博"。同时,这足以说明学历教育备受高校教师青睐。在高校,管理人员和服务人员也面临着提高学历的问题。因为学历提高了,教职工的技能也会随之提高,教育、教学、管理和服务也会协调发展,所以,学历教育这一开发途径将会在高校长期存在并发挥积极作用。

(2) 任职培训

任职培训主要是指针对高校聘用的新员工实行的短期培训。短期培训的主要目的在于帮助他们更快地适应新的岗位。如教师岗前培训、干部任职培训等都属于任职培训。

(3) 在职培训

在职培训的对象是在职任教的教员,这是聘任后的一种培训,提高在职员工的专业知识和教学能力是在职培训的主要目的。在职培训就是我们常说的"充电"。根据不同人员个性和工作性质进行分类培训,便于员工适应高校的各种变化要求。如参加学术讨论会和国内外访问等。

2. 注意高校人力资源培训与开发方法的选择

一般来说,人力资源培训与开发的方法有很多,但是在实际选择中要依据高校人力资源管理的特殊性,不能任意选择。比较常用的方法如下:

(1) 反思式教学

高校人力资源培训与开发工作开展的主要目的就是对相关人员进行分类培训后,使他们具备更加适应现代社会且具有反思批判精神的学习能力。所以,在培训过程中,要积极地引导培训对象对观念、资料、现象及行为等做出自己的判断,并提出相应的改革措施。培训中对培训对象的思想和实践都要进行培训,并且要时时对培训对象进行培训考察,要求其进行知识回顾和总结,使他们在不断的知识总结中改进思想观念和实践办法。

(2) 研讨式教学

作为高层次知识分子,参加培训的人员更热衷于彼此间的平等性互动学习。这些高层次人员在实践经验和专业知识方面都有自己的认识，彼此间进行工作分享和经验交流是十分有必要的。而且在一般情况下，他们进行交流后，会得出更高层次的知识结论。在高校人力资源培训中，高校要成为引导者和激发者，而不是灌输者和控制者。

（3）针对式教学

在教学活动中，"因材施教"始终是个重要的原则，有着重要的实践价值。所谓"因材施教"，主要针对两方面。一是培训层次的设置，不同的培训要使用不一样的培训方法，一般层次的培训可以以课堂授课和谈论为主，以自学和辅导为辅；高层次的培训，要以课题研究为主，以总结和考察为辅。二是改善受训人员的薄弱环节，可以采用专题讲座和短期辅导的形式进行。

就培训方法而言，培训方法的运用可以结合现代科技手段实施。

一是课堂讲座。课堂讲座是建立在专、广、深基础上的综合培训与开发方案，是一种最为常见的、迅速简便的方法，一般成本比较低，可用大量的、集中的时间向成批的教职员工提供信息，包括最新知识动态、工作理念及专业理论等。

二是视听技术的运用。运用感性的现代化手段，如电影、电视、录像带、录音带、投影和幻灯等多媒体技术等进行培训，其特点是清晰度高，有吸引力，也不会因个人兴趣而影响培训效果，能够提高授课的生动性、灵活性和现代性，也便于理解和记忆。适用于培训人员偏多的情况。

三是网络教学。使用因特网和局域网进行信息传递，其特点是方便、成本低、效率高和可控性强，同时也可以模拟虚拟情景，培训材料新颖、真实、感性，还可以提供实际案例分析，实用性强。

四是案例学习。通过对相关的事例进行分析、比较、判断、推理和综合评价得出有效的结果，一般要求培训者具有一定的知识基础和分析水平。案例的多样性和真实性，能够开发个体的创造力。

五是观摩范例，即通过观摩其他人的工作来进行学习。这种方法主要适合刚到学校教学的毕业生，这样的教育见习，对他们明确上课的主要环节，熟悉课堂，了解学生有很大的帮助。

3. 注重对高校人力资源培训与开发的资金投入

所谓高校人力资源培训与开发的投资主要是针对在培训和开发中，对教职工智力和体力的保护和开发的投资。人力资源培训不仅能使教职工个体的需要得到满足，还能调动教职工对于工作的热情和积极性。高校在人力资源开发投资阶段需要立足全局，安排合适的开发管理人员和服务人员参与，要坚持整体发展的观点，对教学人员、服务人员和管理人员同时期进行开发，避免出现"跛腿"的现象。当然，人力资源开发要坚持以教学人员为主体，以管理人员和服务人员为客体的原则，从整体上提高教职工的能力。

（三）人力资源培训与开发的评估阶段

高校人力资源培训与开发效果的评估是培训开发过程中的重要环节，是指在培训之后，高校人力资源管理部门运用科学的理论、方法和程序对高校人力资源培训主体和培训过程及其实际效果进行系统考察，把高校人力资源培训的效果用定性或者定量的方式表示出来。

高校人力资源培训评估的指标不计其数，如教学计划制订、教学策略分析、学生进步分析、学员之间的交流分析，等等，涉及人力资源管理的各方面。除了常见的指标，受训者的观念与培训目标是否一致也是评估的指标。

高校人力资源培训与开发的效果有四个层次的划分。一是反应层，在培训结束后要积极考察受训人员的反应。二是学习层，就是考察受训人员在培训中对培训知识的掌握程度。三是行为层，培训结束后，查看教职员的行为变化，判断培训知识对实践工作的影响。四是结果层，对比培训前后，教学和研究等方面的业绩情况。

评估人员可以是培训专家、受训人员、学生及领导等，他们可以从不同角度去进行培训评估；评估对象一般是培训的项目和对象，或培训过程中的各方面；评估方式可以采用问卷、考核及探讨等；评估的范围可以是培训的前、后及培训进行的整个过程，可以微观和宏观相结合进行评论；评估的结果会影响下一次的培训改革，参考价值和指导意义都很实用。

四、高校人力资源培训与开发体系构建的操作要点

①高校人力资源培训与开发工作要突出重点。要与学科学位建设、专业调整、学术骨干和学科带头人的选拔培养工作相结合，要以中青年骨干教师为重点，更新和拓展他们的知识结构，全面提升人力资源的整体素质和学历层次。

②高校人力资源培训与开发的形式力求多元化。由政府推动，突出高校的主体地位，调动各方面的积极性，要依托高校和其他社会组织的力量，形成多渠道、多层次、多形式的人才培育网络。在改进和完善高级研讨班、访问学者和毕业研究生同等学力申请学位进修班等行之有效的培训形式的同时，充分利用无形的教育资源，如国家级优秀教学成果、重大科研攻关项目等举办高层次培训。

③高校人力资源培训与开发的手段力求信息化、网络化。人才培育必须强调先进性与实用性，高校应充分利用和发挥各自的学科优势，运用卫星电视和计算机交互网络等先进技术手段，对管理人员和专业技术人员进行高层次、高质量的远距离继续教育，构成一个全面的人才培养培训信息网络，尽快实现信息资源的产业化、市场化、社会化。

第二节 高校教学人员的培训与开发

高校的发展离不开教学人员，改革的实施离不开教学人员，教学人员是改革中最关键的因素，因而做好以教学人员为主的高校人力资源的培训与开发是至关重要的。教学人员队伍素质建设是整个教学人员队伍建设的核心问题，它直接影响着高校的办学水平和教育质量。知识经济时代对教学人员提出了更高的要求，教学人员必须加强自身建设，为提高高等教育办学质量和水平做出应有的贡献。高校教学人员的培训与开发是提高教学人员自身素质的有效途径，是高校教学人员队伍建设的重要环节，是高校人才战略的重要组成部分。

一、高校教学人员培训与开发的原则

（一）业务素质和思想素质的培训开发并重的原则

高校教学人员是学生的楷模，是社会主义接班人的引导者。而教学人员的业务素质和思想素质会直接影响学生的业务能力和思想品德的发展，不能忽视。所以在我国高校人力资源培训和开发的过程中，思想素质和业务素质贯穿培训和开发工作的始终。

（二）学历性培训和非学历性培训相结合的原则

对于教学人员质量和水平的提高，学历性培训的价值量很高。非学历性的培训主要是为了满足高校的发展和教职员自身的需求，针对教师的知识结构进行相应的调整型培训。非学历性培训具有比较灵活的特点，培训时间多为一年或半年。

（三）注重反馈和强化的原则

在培训过程中要注意对培训效果的反馈和强化，反馈的作用在于巩固学习到的技能，及时纠正错误和偏差。反馈的信息越及时、准确，培训的效果越好。"强化是结合反馈对接受培训人员进行的奖励或惩罚。"这种强化不

仅应在培训结束后马上进行，还应在培训之后的上岗工作中对培训的效果给予强化，如奖励那些因培训而工作能力提高并取得明显绩效的教学人员。

（四）因材施教与有利于个人发展的原则

高校对教学人员进行培训与开发的最终目的是提高他们的工作能力，在高校中，由于每位教学人员的水平不一样，而且教学人员在能力、人格、智力、兴趣、经验与技能方面，均存在个体差异，因此，高校在进行培训与开发时，既要掌握集体培训的总原则，又要考虑因人施教的培训特点。同时，教学人员在培训与开发的过程中所学习和掌握的知识、能力和技能应有利于个人职业的发展。作为一项培训与开发的基本原则，它同时也是调动教学人员参加培训的积极性的法宝。

（五）理论与实践相统一的原则

俗话说，实践是检验真理的唯一标准。教学人员在实际的工作中，对于知识理论和实践操作能力都要有所教授，帮助学生运用知识指导实践，通过实践获取新知识。现代高校的人才培养要坚持理论与实践的统一性，因此，培训要是复合型的培训，理论和实践缺一不可。

二、高校教学人员培训与开发的形式

我国高校教学人员的培训与开发，主要是非学历教育。在近半个世纪的高校教师培训与开发实践中，我国开展了多种多样的、内容和目的各不相同的培训与开发，并在实践中根据高校教学人员队伍建设的需要不断地改进和完善，较好地满足了各个历史时期高校教学人员的培训需要。目前，我国高校教学人员培训与开发工作的形式主要有以下几种：

（一）岗前培训

这是对拟聘到教学岗位上的高校毕业生和其他人员进行的上岗职业训练。他们通过学习《高等教育学》《高等教育心理学》等理论知识，听取有关的专题讲座等，可以了解教师这个职业的特点和要求，掌握高等教育的有关法规、基本理论和方法，提高职业道德素质。岗前培训的考核成绩将记入教学人员的个人业务档案中，作为教师资格认定和职务聘任的依据之一。

（二）单科进修

这是以掌握一门课程的各个教学环节，熟悉教材内容、重点及难点，提高教学水平为主的培训。其对象是高校教学人员中的青年骨干和急需开课的人员。进修期限为一年，在进修期间，除主修课程外，还可以辅修1～2门相关课程。

（三）助教进修班

这种培训形式的主要对象是具有高校本科学历或同等学力，年龄在35岁以下的助教，助教进修班旨在帮助他们加强理论基础和加深专业知识，开设硕士研究生主要课程，学习期限为一年。

（四）骨干教学人员进修班

骨干教学人员进修班的招生对象为具有两年以上教育教学经历的年轻讲师，主要以开设部分博士水平课程，并进行教学法的研讨为主要培训方式，学习时间一般为半年。举办骨干教学人员进修班的学科专业，须具有博士学位授予权。

（五）国内访问学者

这是立足国内培养高校学科带头人和骨干教学人员的重要途径，也是促进校际学术交流的有效方式。其对象一般为副教授，访学期限一般为一年。国内访问学者在导师的指导下，以参加科研为主，协助指导研究生参加编写教材或其他教学工作。接受国内访问学者的单位一般是有博士学位授予权的学科点。国内访问学者的导师一般由博士生导师或学术造诣较高的教授担任。这一培训形式自推出以来，已为一般高校培养了大批的学科带头人和骨干教学人员，成效十分显著。

（六）社会实践

高校教学人员的社会实践主要结合专业进行。社会实践的主要方式和内容如下：参加支教工作；到县、乡等有关部门挂职锻炼；参加企业的技术改造、联合攻关和科技开发；参加技术咨询、科技推广、社会调查等面向社会、服务社会的实际工作。社会实践一般在助教阶段完成，或分阶段完成，时间一般为一年。

（七）短期研讨班、讲习班

这一形式的培训开发面向全体高校教学人员，培训内容主要是就某一学科专业领域的成果及需要解决的问题进行学习、交流和研讨；由本学科专业领域的资深专家学者担任主讲人；时间不超过一个月。这一形式的培训，时间短、针对性强、方式灵活，为需要短期进修的高校教学人员提供了方便。

（八）出国进修

出国进修的对象以中青年骨干教学人员为主，主要是选派中青年骨干教学人员攻读学位，做访问学者，做博士后研究，讲学或参加学术会议等；主要途径是由国家或所在高校派遣进行校际交流、合作研究以及自费留学等。

三、高校教学人员培训与开发的重点

高校（特别是地市所属高校和专科学校及高等职业技术学院）与部属重点高校相比，师资相对较弱，存在着学历学位偏低、高级职称人数偏少、缺乏学科带头人等问题。高校应从以下几方面加强教学人员的培训开发工作。

（一）加强学历学位的培训工作

目前，高校师资队伍的学历学位普通较低，据某省22所本科院校统计，其所具有的研究生毕业和硕士以上学位的教师占教师总人数的比例仅为30%，离教育部的目标要求存在着较大差距。对于青年教师而言，攻读学位的过程，是增长知识的过程。这个过程不但能帮助青年教师提高教学水平和科研能力，而且对个人的职业成长也有着重要意义。值得注意的是，有些年轻的教学人员急功近利，想走捷径，不想通过艰苦的努力获得博士、硕士学位，而只想通过一般的进修。但往往事与愿违，结果走了许多弯路，既影响了学校的师资队伍建设，又影响了自己的成长。因此，培养工作的一项基础性任务就是提高师资的学位学历。高校要采取相应措施，调动青年教师的提高学位的积极性，并且对获得学位的教师给予奖励。对于在攻读年龄范围内的中青年教学人员要限定时间促使其报考。有条件的学校还可以与聘用制相结合，对达不到规定学历学位的教学人员可以在合同到期后不再续签聘用合同，或让其转岗改做其他工作。

（二）加强各级学科带头人和骨干教学人员的培养工作

对于高校骨干教师和学科领头人的培养是提升学校竞争力的重要方面，对于学校的学术发展也十分有利。目前，我国地方性高校的骨干教师存在较大的缺口，优秀专业性教师的缺乏已经成为阻碍现代高校发展的因素。因此，要加大针对骨干教师和学科带头人的培养力度。这就要求采取加大财力支持、增设相应岗位、校内分配倾斜等方式来给骨干教师和学科带头人的培训提供支撑。

（三）加强针对教学人员资格的相应培训工作

根据《中华人民共和国教师法》和《教师资格条例》的规定，高校教学人员必须具备本科及以上学历、岗前培训成绩合格、普通话达到相应等级。

随着高等教育的快速发展，区域高校招生量大幅度增长，为此学校补充和引进了大量的师资。在这些师资中，相当部分或因未通过岗前培训，或因普通话未过关，或因其他原因未具备教学人员的资格。此外，一些中专、中师学校并入高校，其教学人员也需要通过各种培训才能达到高校教学人员的资格要求。因此，加强针对教学人员资格的培训工作显得十分迫切。它是依法治教，依法执教的需要，是教育行政机构评估的需要，是教学人员提高教育教学能力与水平的需要，也是解决教学人员相关待遇问题的需要。学校要列出具体的培训计划，包括培训课程、时间等。要采取必要的约束性措施，限定时间，要求教学人员获取高校教学人员的资格证书。

（四）加强出国培训和社会实践培训工作

高校的教学人员出国进修的机会甚少，据2003年对某区域本科院校800名教学人员的调查，出国进修3个月以上的教师仅15名，只占全校教师总数的1.88%。我国一些高校经常忽视社会实践培训，很多教员不能结合现实情况和书本知识传授给学生实用性的知识，不能使学生获得满足。如处于沿海纺织业发达地区的高校，学校设有纺织工程专业，但部分教学人员不愿到纺织工厂进行社会实践，这就在一定程度上影响了学校社会服务功能的发挥。鉴于上述两种情况，高校应强化对教学人员的出国培训和参加社会实践的要求。要通过政府、学校、个人三方共同承担培训费的办法，通过外语的强化训练，通过开展多渠道的国际交流活动，开展教学人员的出国培训工作。要通过明确培训导向，完善培训体系，完善培训内容，培训结果与晋升挂钩等办法，加强对教学人员社会实践能力的培训，使高校教学人员更好地为区域经济建设与社会发展服务。

四、高校教学人员培训与开发存在的问题及其解决对策

（一）高校教学人员培训与开发存在的问题

虽然目前很多高校都意识到了教学人员培训与开发工作的重要性，也都已经或者正在进行这方面的工作，但是，在现有的高校教学人员培训与开发的具体操作中，还存在着不少的问题，主要表现在以下几个方面。

1. 在师资培训中重学历、轻师德

目前，我国高校在教员培训方面过分注重学历培训，在教员整体学历提升的同时，教师队伍的思想素质却严重缺失，出现了以下比较严重的问题：部分教师言行不一，做不到为人师表；有的教师对待工作采取应付态度；有

的为求名利，不惜耍手段等。高校缺乏对教师师德的培养，严重影响了师资队伍建设。

2. 培训经费短缺

目前，相比高校教员总人数，培训经费的增长速度较慢，不能适应高校培训的发展。部分学校师资培训经费出现零增长，有的高校甚至出现经费不足的情况。部分高校还经常占用培训经费以为他用，严重影响了教员培训工作的开展。

3. 培训目标不明确

很多高校的教师培训，没有结合学科的发展和教师的专业，而是进行盲目的培训教育，导致师资培训受个人意志的主导。一些高校主管对师资建设没有足够的认识，鼠目寸光，师资培训无法落实，存在严重的随意性；有些骨干教师受限于教育第一线，培训机会较少。

4. 培训内容陈旧，培训形式老化

我国高校在较长的时间里都以理论培训为主，对于实践培训则少之又少，很难实现师资队伍素质水平的整体提高。师资培训内容合理性不高，部分教师在科研能力和教学能力上存在差异，教学能力科研能力强，而教学能力差，课堂的操作性差很容易影响教学效果。

5. 人才培养工作缺乏有效的考核机制和管理措施

当前，虽然我国高校学科带头人的选拔和培训工程已经上纲上线，然而培训后的定期考评机制却不存在。这种只求过程不求效果的现象不能对青年教师进行指导，培训工作的盲目性和自发性严重。我国多数高校教师的国内培训全凭个人意愿，获取学校同意后自行安排，对于人才考核，学校没有丝毫相关的措施。

（二）高校教学人员培训与开发问题的解决对策

1. 树立终身教育的理念

在现代经济迅速发展的时代，教师职业也面临着各种挑战和机遇。这些挑战主要是知识的更新变化、社会对教师要求的提高及优秀人才的需要等，为高校教师提升自身提供了平台。继续教育和终身教育的出现对于教师和高校的发展具有重大意义。

2. 多方筹集资金，增加经费投入

当前，高校经费成为师资培训的瓶颈。因此，为保证培训工作的顺利开展，需要做好两方面的工作。一是教育部门要将培训经费落实到各个高校，高校也要设定专用培训经费，不能随意挪动。二是坚持效益共享、责任共担的原则，建立政府、高校及个人三者间的培训经费制度，这样就避免了培训资源的浪费。

3. 明确教学人员培训的目标

师资培训目标是培训的灵魂，学校和教学人员个人都必须要有明确的目标。对于学校而言，师资培训要具有计划性和长期性，要根据学校的发展现状制订师资的总体规划，近期和远期目标结合设定，总体目标的设定对于师资机构优化有着特殊的指导性意义。对于教员而言，培训讲究的是理论和实践知识的互通性，帮助其提高自身水平。因此，在培训的实际操作中，教员既要认真学习和交流培训知识，又要通过教学实践来检验和反省自身。

4. 改革培训内容和形式，提高培训质量

首先在内容上师资培训既要注重业务知识培训，又要注重教学人员教育理念、教育教学技能等的培训，实现由知识补偿教育向以人的发展为中心的提高教育转变，在教育科研实践中提高教学人员的研究能力和创造才能；其次在培训形式上要采用目标不同、内容不同、时间长短不一的各种培训形式相结合的模式，避免单调化。

5. 建立激励约束机制，加强监督检查

首先，要建立教职员培训后的考核制度，及时对教职员培训情况进行反馈和分析，督促教职员有效地进行培训；其次，针对培训经费，要建立政府、学校及个人三方投资经费制度，增加教职员对培训的重视度；再次，对教师的培训要加强约束，避免损失；最后，教育部门要发挥监督的作用，对不能保证培训效果的单位进行整改或取消其资格。

高校教学人员的培训与开发工作是一项紧迫而长期的战略任务，它将跟随社会的发展和教学改革的不断变化而变化，在高校教育中十分重要。

第三节　高校管理人员的培训与开发

一、高校管理人员培训与开发的对象和内容

高校管理人员的培训与开发可以借鉴企业管理人员的培训与开发，虽然说企业与学校是两种不同性质的组织机构，但是，在经营管理方面，两者还是存在很多共性的。管理人员的培训与开发对象，包括高层管理人员、中层

管理人员和基层管理人员。无论是哪一个层级的管理人员,为了更好地履行现行职责,做好现任工作,都有提高自己各方面素质和能力的必要。

（一）高校管理人员培训与开发的对象

1. 高层管理人员

高层管理人员是指组织中最高领导层的管理人员。在高校主要指校长,他们是学校的决策者和经营管理者。由于他们处于关键的位置,其对学校的影响是举足轻重的。他们要照顾全局利益,正确处理学校中的各种关系,为学校的未来发展做出决策。因此,对高层管理人员的培训与开发,尤为重要。

2. 中层管理人员

中层管理人员是组织的中坚力量,担负着承上启下的责任和管理独立部门的责任。中层管理人员一般是某一部门的负责人,他们需要具备很好的信息沟通、人际交往、组织协调和决策的能力。因此,中层管理人员的培训与开发也是一个很重要的方面。

3. 基层管理人员

基层管理人员是一线的管理人员,在他们的工作中,技术能力、沟通和人际关系能力都很重要。因此,基层管理人员的培训与开发的内容主要包括专业技术知识培训、管理基本理论和知识培训、思想道德素质培训等。

（二）高校管理人员培训与开发的内容

高校管理人员培训与开发的内容,包括品性、能力、知识三大块,在每一块中又有许多子因素,并且,根据管理人员所处层次的不同,培训与开发的内容及重点也不一样,关于不同层次的管理人员的开发内容如下。

1. 高层管理人员的培训与开发内容

①品行方面。高层管理人员不能因循守旧,应与时俱进地进行观念更新、思想更新,这是高层管理人员培训与开发的重点所在。

②能力方面。对于培训高层管理人员的能力（包括经验和技能）而言,他们应该经常更新工作方法、科学地做出决策。

③知识方面。高层管理人员的培训知识（包括信息）主要包括国家政策、同行竞争、对手信息等。

2. 中层管理人员的培训与开发内容

①品行方面。中层管理人员培训与开发的品行方面的内容包括对待领导的态度、对待下属的态度、对待改革的态度、对待组织的态度以及树立乐于

为组织服务的正确价值观与态度。

②能力方面。中层管理人员培训与开发的能力方面的内容包括理解把握能力、创新能力、组织实施能力。这是中层管理人员培训与开发的重点所在。

③知识方面。中层管理人员的培训知识（包括信息）主要包括组织内外的政策、法规与现代化管理知识。

3. 基层管理人员的培训与开发内容

①品行方面。基层管理人员培训与开发的品行方面的内容包括对待领导的态度、对待群众的态度、对待改革的态度、对待组织的态度以及树立充分体现组织与领导先进的思想与能力的服务态度。

②能力方面。基层管理人员培训与开发的能力方面的内容包括操作实施能力、理解把握能力、解决实际矛盾与问题的能力。这是基层管理人员培训与开发的重点所在。

③知识方面。基层管理人员的培训知识（包括信息）主要包括组织内外的新知识、新政策、新法规。这也是基层管理人员培训与开发的重点所在。

二、高校管理人员培训与开发存在的问题

（一）培训观念落后

高校培训管理缺乏战略，缺乏以人为本的核心理念，使得培训管理方法和技术缺乏实践的环境。具体表现在管理人员培训的需求分析、战略计划、效果评估、内部和外部链接没有形成自己的系统，缺乏有机连接和良性循环。一些比较流行的管理方法和技术，如培训规划、评价中心技术、管理人员质量评价、菜单式培训等在高校无法应用，使其人事管理效果大打折扣。培训管理功能的定义不清楚直接导致培训管理机构设置不科学和人员设置不合理。

（二）缺乏培训投资

高校培训投资水平低，管理人员培训效果就低。与国际大型高校相比，某些高校在培训上存在严重问题，对培训的投资太少。加之，学院之间培训资源的分布不均匀，限制了培训质量与规模的提高和扩大。传统的计划经济制度之下形成的僵化培训制度和不完善的劳动力市场不利于高校培训资本合理地流动与配置。

（三）专业人才不足

培训管理人才缺失也是高校的突出问题。近年来蓬勃发展的培训机构和企业培训部门，进一步扩大了高校管理培训人才的缺口。培训管理这一新兴应用学科的人才培养，需要进行大量的理论与实践的相互印证。高校的培训管理要想保持生命力和活力，究其根源在于人才。目前，高校培训管理方面的人才严重匮乏，该校管理人员大多具备一定的管理知识，但培训方面的知识却相当匮乏，更没有二者兼容型的专业人才。这无形降低了高校的培训质量，制约了高校的进一步发展，影响了高校的培训管理效应。

（四）流动规范缺失

高校管理人员，特别是一些高层次优秀管理人才具有较强的流动性，即优秀管理人才流失问题在高校比较普遍。管理人员违约现象屡见不鲜，有的在培训期间或进修拿到学位后不愿再回到学校工作，有的管理人员甚至采取"不告而辞"的离校方式。此外，高校管理人才还存在一种隐性流失，比如有些学者把大量的精力放在社交、经商、追逐官位等活动上而疏忽了管理业务。这些现象表明了高校管理人才流动的随意性强、高校面临管理人才流失等困境。究其原因，高校管理人力资源的无序流动及流失主要来自以下几个方面：

①随着我国市场机制逐步建立，人才市场为人力资源配置提供了条件，管理人才不在为某一单位所有，个人拥有支配自己和选择发挥自己才干并获得相应报酬的权利。这就为高校人力资源的流动提供了可能。

②随着社会各行各业对管理人才的激烈争夺，近年来，除了高校因办学规模迅速扩大，需要不断增加管理人员外，一些企事业单位为了应对日趋激烈的市场竞争，也在想方设法吸引具有较强能力的资深管理人才加盟，这使得高校管理人员比一般人力资源更受青睐，这为高校人力资源频繁流动提供了客观条件。

③择业观的变化是高校人力资源频繁流动的主观条件，高校管理人员队伍中尤其是学科带头人和科研骨干等优秀管理人才，他们在追求自身发展的同时，一定程度上也受到了利益的驱使，如果他们感到当前的环境及条件不能满足自己的需求，或者较之其他高校自己的待遇不公平，他们便会出现流动倾向，要么工作的积极性下降，要么直接选择另谋高就。

（五）教育市场不完善

高等院校之中的人力资源配置在长久的时间里已经慢慢地形成了在计

划型经济背景下的根据计划进行调整等形式。然而在现如今的市场型经济大背景之下，大部分的高等教育院校的人力资源配置都引入了市场化的机制，这在很大的程度上发挥了市场机制对于人力资源的配置进行优化的基础性作用，但是大多数的高等院校以及不同层面的高等教育对此持不同的意见。

高等教育基本上属于一种准公共的产品与服务，并且还存在着自身发展的规律，所以就导致了不可以直接套用市场化经济下经营企业的那种方式来直接对高等院校进行管理；反之，市场配置资源有着超高的效率，这在经济方面有相当数量的例子可以体现，所以高等教育院校要想突破传统人力资源配置的低效能，就一定要对传统的体系进行创新与完善，积极地引入市场化的机制。这对于高等院校或者对于我国整个教育行业的发展都有着相当重要的意义，然而对于高等教育院校的人力资源配置能够进行市场化的改革，可是却不能直接将适用于经济领域的那一套模式进行搬运，需要严格地将教育行业自身存在的优势与规律进行整合，并且政府需要出面进行积极的支持与宏观方面的调整，同时不可以将教育事业的资源配置演变为市场化的资源配置。

（六）学科定位不科学

高校人力资源配置必须以其自身的发展定位为战略依据。目前高校人力资源配置不合理，看似是因为缺乏人力资源战略规划，其实质却是高校自身缺乏科学的定位。首先，高校定位不明确，学校学科开设追求大而全，专业设置存在跟风现象，特别是向社会热点趋同，随着入学人数的大幅增长，师生人数一路攀升，高校急于引进管理人员，这必然造成管理人员素质良莠不齐、结构失衡等问题。从长远来看，这又会造成高校管理人员短缺与隐性过剩等问题。其次，高校定位不科学，使得高校的层次结构失衡，各学院之间界限模糊，必然导致不良竞争，结果必然造成高校管理人才流动无序。此外，还会导致高校内部管理混乱，人事部门对日常事务应接不暇，而在人力资源开发、培训、激励等工作方面却无暇顾及。

三、高校管理人员培训与开发的改进对策

（一）更新培训理念

更新培训理念有助于改进高校管理人员的培训与开发。高校的领导者首先要从思想上对管理人员培训予以重视，改变以往忽略培训的旧观念，从全新角度认识管理人员培训对实际业务的重要作用，管理人员是高校的核心和

未来，只有做好管理人员培训工作，提升了管理人员的能力和素养，才能有助于学校的发展。高校的高层管理者更应该懂得人才对一个学校的重要性，它代表着学校的核心竞争力、学校对外的形象。

高校应根据高校发展制订培训内容，提高为学生服务的有效性，课程设置和教学内容应完全专注于传授知识以及技能，培训技能为开发人力资源的关键，应作为培训的重点。创新培训内容以便适应和满足高校工作特性与管理人员的职业生涯需求。使用多种多样的培训，指导管理人员探讨解决问题的途径，尽可能多采用现场教学方式解决实际问题，或者根据不同需求安排培训内容，以便让管理人员的知识和技能与时代需求及师生的期待相匹配。

（二）增加培训投资

增加培训投资是解决高校管理人员培训问题的又一对策。高校在加大培训投资力度的同时，还必须有一个比较开阔的视野，面向国际市场，培养大批高素质管理人才；必须继续扩大国际交流，引进世界先进管理理念和方法。同时，与物质资本的投入一样，改善高校培训资本的投入结构，提高培训投资效率。所以，高校培训投资必须坚持服务于学校的管理质量和教学工作的原则，与国家的人力资源发展目标和任务相适应。改变过去强调高学位、高学历，重管理技能教育、轻实践的观点，培养大批适合高校发展的管理人才。

（三）培养专业人才

重视培养专业人才也是改进高校管理人员培训与开发的重要举措。为了保证高校培训与开发的质量，充分发挥培训的作用，高校必须大量招聘和培养既通晓管理常识，又具备较高水平的培训管理专业人才，完善相关配套服务。但是，目前高校非常缺乏培训管理专门人才。因此，高校应联系相关知名高校如管理类学院和培训专业院校，提出所需人才的培养方向，加强对潜在及现有从业人员的专业培训。只有综合能力优秀的培训管理专业人员，才能准确地将高校的培训工作管理好，从而促进高校的长远发展。

（四）维持流动成本

市场经济条件下，高校管理人员的外流很大程度上取决于流动成本与收益之间的对比，如果流动收益大于成本，就会导致他们做出跳槽决定。高校管理人员的流动收益是到另一所高校或其他企事业单位所取得的较高报酬。高校为了防止管理人员外流，就势必要付出较高的流动成本。一般可以采取以下两方面措施来稳定、留住优秀管理人才：

①提高物质收益，使其薪酬福利不低于市场平均水平，不低于"挖墙角"高校或企业愿意支付给该管理人员的数额。

②增加非物质收益，重视管理人员的荣誉地位、尊重和关怀等精神需要的满足。改善管理人员的非物质待遇，可以缓解过度地提高物质待遇而给高校带来的经济负担。

（五）优化资源配置

优化资源配置是改进高校管理人员培训与开发的有效对策。对高校管理起基础性作用的是基层管理人员，他们的水平决定了学校的发展水平，因此，学校要把引进、培养优秀管理人员作为侧重点，注重交叉管理部门的建设和交叉管理人才的培养；积极引进和培养高层次管理人才，打造一支国际先进、国内水平一流、以中青年为主力、管理能力过硬、管理方法先进的管理团队，采用以点带面的方式，提高管理人员队伍的整体素质。在资源配置优化的基础上打造一支管理人员结构合理、作风优良、学历较高、年龄均衡、性别结构合理、分布协调、具有创新水平的优秀管理人才队伍。

（六）提高高校人事自主权

政府与高校需要共同努力，提高学校的人事自主权，这样才能改进高校管理人员培训与开发的工作。政府部门应简政放权，转变职能，理清自身与高校的关系，通过统筹协调、方针指导、立法、监督和评估等手段对高等教育进行宏观调控，完善、保障和落实高校办学自主权及高校人事自主权。所谓高校办学自主权是指高校作为独立的法人机构，依法独立行使本校教育决策、教育活动组织的权利。其中人事自主权是高校办学自主权的一个重要方面，高校应有权根据教育行政主管部门制定的科学的人员编制总额，自主决定本单位的机构设置和各种人员配备比例，应有聘用、录用、试用、晋升、辞退、奖惩等权力。政府在推动现代大学制度建设的过程中应进一步提高高校的人事自主权。同时，高校应积极宣传与引导，以增强管理人员的理解力与心理适应力，为推动高校制度建设营造良好的舆论氛围。

四、作为高校特殊管理者的校长的培训与开发

（一）校长的角色

校长作为一个学校最重要的管理者之一，在学校事务中承担的主要角色如下。第一，组织的管理者。校长首先是决策者，负责构建学校蓝图，统筹安排和处理重大事务。第二，学校的经营者。职业教育为经济建设服务，

在实践过程中，校长要结合经济的观点对教育问题进行审视和解释。将经济管理经验融入职业教育管理中，将二者的相关因素结合起来。但教育产业具有自身的特殊性，需要因地制宜地运用经济管理模式，要寻找适应教育特点的经营模式。第三，教学领导者。教学是学校的中心工作，这意味着校长的大部分时间和精力将用于教学领导。第四，人际关系的促进者。发展融洽和谐的人际关系，营造民主和谐的学校氛围。第五，冲突调解者。在学校的经营过程中会产生各种冲突和矛盾，这些冲突和矛盾有个体与个体之间的、组织与组织之间的，校长应依法维护师生及学校组织本身的利益。第六，变革代理人。无论是提高学校适应环境的能力，还是提高学校自身的效能，校长需要诊断学校的变革，提出学校可持续发展的教育理念并使学校员工接受、认同。

正因为校长拥有众多的角色，所以其在学校的管理决策与运行中的关键作用不言而喻，因此，重视校长的培训与开发也就显得尤为重要。

（二）校长的培训与开发的特点

1. 校长的培训与开发具有差异性

校长也是很普通的人，受生活背景和经验影响，有着自己的个性。而每位校长在存在共性的同时，存在个性也是必然的。校长的差异性，与所在地区有关。不同区域的校长，会受当地文化的熏陶，形成个性差异。针对校长培训不能"用一张网捆住所有的鱼"，要根据地区差异和校园差异，正视校长间的差异，对其的培训与开发要有差异性保证每位校长都能获得自身的发展。

2. 校长的培训与开发具有针对性

校长的培训与开发需要坚持一切从实际出发的原则，因需而施，注重实际效用，将理论学习和实践研究两者结合统一起来。首先培训与开发的内容和方式要与校长的工作实际相协调；其次，还要与学校教育改革和发展的实际相契合。培训与开发要具有针对性，要对培训内容进行分类，针对教学改革和发展的难点、重点问题进行专题培训，以找到适当的解决对策和方法。

3. 校长的培训与开发具有个性化

注重人的个性发展是现代教育改革的重要特征之一。对于高校校长的培训也越来越受到很多国家的重视。社会上将学会认知、学会做事、共同工作和生活及个人发展这四个点看成培训校长的基础目标。所谓学会认知，主要是指培训者要学会正确的知识获得的方法和手段，正确的知识获得方式，不仅能够帮助学习者领悟知识，还能帮助其拓展思路，更加全面地运用知识和信息。学会做事，主要是希望培训者可以将他们获得的知识付诸实践，利用实践去检验所学知识，利用知识促进职业、创造能力的发展和工作效率的提高。学会共同工作和生活，主要是指培训者利用学习到的知识能够正确地认识自己、他人及社会，工作和生活都保持积极向上的态度。培训的终极目标之一就是学会促进个人发展。人的发展是社会发展的目标之一，相反，人的发展对于组织和社会的发展都有积极的促进作用。人是整个培训和开发的核心，也是管理工作的中心，培训要注重人的发展，并且要深信每个人都有存在和发展的价值。培训旨在使每个人都能够发现自己的优势，并且加强优势的开发和利用。所以，培训中要关注校长的个性，并且将促进校长个性发展划入培训的目标和内容当中。

要发展校长的个性，就需要支持校长的学习，让其在学习中认识和发展自己。在校长培训中要坚持给予校长学习的选择性，让其根据需求自主选择学习内容和方式，实现自身的全面发展。

第六章　高校人力资源的管理机制和信息系统研究

第一节　高校人力资源配置机制研究

一、高校人力资源配置的概念及特征

（一）高校人力资源配置的概念

高校人力资源是指高校所拥有的能推动高校持续发展，实现高校人才培养、科学研究和社会服务目标的成员的能力的总和。它既包括高校内部的人力资源，又包括高校外部的人力资源。其中，学校内部的人力资源是高校人力资源的主体，主要由专任教师、行政人员、教辅人员和工勤人员等四个部分构成。基于高校自身的特点和构成，高校人力资源呈现出层次性和类别差异性，但其核心是教学、科研和社会服务能力。根据高校的办学目标和发展战略，对所拥有的人力资源进行规划、职务分析、绩效考核和薪酬设计等，使其与高校其他资源相结合，促进人力资源的有效利用，是高校人力资源配置的主要目标。

（二）高校人力资源配置的特征

与企业等营利性社会组织相比，高校的人力资源配置具有自身的特殊性，主要体现在以下几个方面：

①高校人力资源配置的主体是高等院校。自改革开放以来，随着我国高等教育管理体制和人事制度改革的不断推进，高校在人力资源配置中的基础性作用不断加强，人力资源配置方面的权力不断扩大，逐渐成为人力资源配置的重要主体，改变了长期以来以政府计划为主的被动配置模式，能够根据学校的办学定位和发展目标，自主配置人力资源。

②高校人力资源配置的对象具有层次性和差异性。高校人力资源配置的

对象既包括教师、行政管理人员,又包括教辅人员和工勤人员。不同类别、不同层次的人力资源在高校发展中的作用和价值不同,其自身的素质也存在一定的差异。其中,教师资源是高等学校所有人力资源中现实价值最大、增值潜力最大的资源。在教师资源中,高层次人才比如学科带头人又具有更大更高的价值。

③高校人力资源配置的目的是提高人力资源利用效率,提高高校办学的质量与效益。与企业等营利性组织追求利润的目标不同,高校人力资源配置的目的是提高高校人力资源利用效率,实现人与事、人与人相互和谐发展。

④高校人力资源配置涉及宏观和微观两个层面。其中宏观层面的配置是高校人力资源在国家或地区范围内各部门、各地区之间的分配及流动的排列组合。在我国,高校人力资源的宏观配置是由政府及其教育主管部门通过制定规划、政策以及财政投入等方式进行的。微观层面的配置则是高等学校组织系统内部对人力资源的配备和利用。它涉及高校教师的招聘、录用、配备、使用和管理等多个方面,主要由高校自身来完成。

二、我国高校人力资源配置存在的问题

我国高校人力资源配置在数量、结构、质量、效益方面得到较大改善的同时,也存在着许多问题,具体表现在以下几个方面:

(一)高校人力资源配置理念落后

长期以来,我国高校人力资源配置理念仍没有完全突破因人设岗思想的影响,高校人力资源配置普遍存在因人设岗的做法,也有部分高校设岗的主要依据是现有教职工队伍的学历、工龄等。在岗位设置时往往首先考虑重点学科、专业,而一些具有市场需求、发展潜力较大的新专业和较冷的专业人力资源需求得不到有效满足,导致高校各学科专业人力资源结构配置不合理。同时,传统的配置观念没有将人看作高校生存和发展的财富,而是把人设为一种成本,将人当作一种"工具"。人力资源配置的目的不是促进人力资源的开发和人才的合理利用,而是加强高校在人员方面的投入、使用和控制,以降低成本,提高效益。

(二)高校人力资源结构配置失衡

我国高校人力资源结构配置失衡突出表现在高校岗位设置结构不合理、高层次人才短缺等方面。在新一轮的高校人事制度改革中,相关文件确定了高校岗位总量和结构比例,高校要根据文件确定的岗位总量和结构比例,结合教育教学需求按需设岗。然而,高校岗位结构比例问题涉及管理、专业技术、

工勤三支队伍以及它们内部各等级之间的结构比例问题。从政府核准的各高校岗位设置结构比例来看，重点高校高于普通高校，普通高校则优于专科院校。同时，同一系列的等级设定较少考虑高校内部的差异和现实需求，导致部分低级岗位空缺，部分高级岗位不足，如不适时调整将会影响高校人力资源未来的发展，并直接制约高校的办学层次和水平。

（三）高校人力资源配置机制转换迟缓，协同配置效率低

计划与市场是高校人力资源配置两种不同的机制。计划配置是国家根据国民经济与社会发展规划对高等教育的需求，通过各级计划，将人力资源有组织地配置到高等学校的一种配置机制。在市场经济条件下，高校人力资源配置机制也逐渐由传统的以计划机制为主转向以市场机制为主、以计划机制为辅的混合配置机制。然而，由于对计划配置和市场配置作用范围的界定较为模糊，高校外部人力资源市场发育不成熟，转换保障制度不健全，人才流动政策不完善，我国高校人力资源配置机制转换滞后，转换过程还存在一定的缺位和越位，配置效率低下。

（四）高校人力资源的流动具有不均衡性

随着高校人事制度改革的深入，高校人力资源流动逐渐频繁，流动规模不断扩大，流动速度逐渐加快，流动方式也呈现出多样化的特点。高校人力资源的合理流动在一定程度上提高了资源配置的效率，促进了资源的优化配置，但流动中存在着严重的不均衡现象，主要表现为人力资源流动方向和流动层次不均衡。地区间人才的单向流动加剧，中西部地区高校人力资源向东部沿海地区和经济发达国家流动，但却没有形成对应的回流，导致中西部高校人力资源存量不足，增量小，尤其是高层次人才紧缺。

三、优化高校人力资源配置的措施

（一）转变观念，确立以人为本的人力资源配置理念

人力资源是高校教育质量的决定性因素，也是高校在激烈的市场竞争中得以生存和发展的决定性因素。高校和政府的各级管理者必须转变传统的人事管理思想，确立"以人为本、以岗选人"的高校人力资源配置新理念，从人出发，对人赋予高度的重视，不仅关注高校人力资源的共性，还要注重人的个性，尊重人的意愿，了解人的需求，注重人的差异性、层次性，突出人的主体性和能动性。在人力资源配置过程中着眼于人才资源的开发，致力于人才的合理利用，做到人力资源配置方法的科学化、民主化、法制化。在人

力资源使用问题上,要突出"岗位"概念,坚持"以岗选人""量才用人",强化岗位意识,体现职能差别,建立岗位绩效工资制,打破职务终身制,进一步激发教师的能动性和创造性,使教师的潜能和积极性得到最大程度的发挥,实现从传统人事管理到现代人力资源管理的积极转变。

(二)建立健全人力资源选拔和培养机制

人才选拔是高校人力资源开发的重要内容。选拔机制好,人才就会脱颖而出。要花大力气培养好、选拔好各院系的学科领头人物。学科在高校中的龙头地位要靠学科带头人、学术梯队来支撑,要让那些学术造诣高、能领导和组织本学科梯队在其前沿领域赶超国内外先进水平的人才脱颖而出,使他们早出成果、快出成果、出高水平成果。

高校教师的培训进修是人力资源开发的核心环节和基本内容,它是根据高等教育事业发展的需要,按照不同专业的要求,有计划、有组织地开展的,旨在提高教师素质特别是教学水平的过程。人才不是天生的,需要不断培养,没有合适的人才培养机制,人才就会像断水的禾苗日益干枯。因此,对于高层次的人才不仅要考虑使用,还要考虑培养,这才是真正稳住人才、吸引人才,让人才良性循环的最好办法。

因此,必须把高校建设成"学习型组织",从人才资源开发的战略高度出发,进一步加强教师培养培训工作的制度化建设,要坚持重点培养与整体素质提高相结合的原则,以优化教师梯队结构为目标建立完整的机制,以中青年骨干教师为重点,培养具有较强竞争力的学术带头人和青年骨干教师,提高学校的教育教学和科研水平,并加大经费投入,加大培养培训力度,给教师以充分的"充电"机会,关心他们的成长,不断提高师资队伍的整体素质。

(三)建立健全人力资源的引进使用和流动机制

从吸引人才、留住人才的角度出发,提供宽松的工作生活环境,制订引进高层次人才的优惠政策,营造有利于创造型人才生存和发展、有利于"名师"孕育和产生的环境。如设置特聘教授岗位、关键岗位、重要岗位吸引人才;提供个人发展空间,创造良好的科研环境和综合环境吸引人才等。对于引进确实有困难而又急需的人才,可采用灵活机动的政策,以"不求所有、但求所用"的新用人观念来处理,只要其对学科发展有贡献,可以建立"人才特区"采用特事特办的策略。

教师的合理流动有利于优化教师队伍的结构,应突破传统的人才"单位所有制",创建人才资源跨国界、跨地区、跨行业、跨院校的共享机制。高

第六章 高校人力资源的管理机制和信息系统研究

校可以在建立相对稳定的骨干层的同时,形成出入有序的流动层的教师队伍管理模式。高校间可资源共享,互聘教师,建立客座教授制度,聘请专家、教授来校短期工作,借助专家、教授的业务实力,带出高水平的学术队伍和科研队伍;也可利用面向社会招聘优秀人才担任专职或兼职教师,返聘高级专家等多种途径,拓宽教师的来源渠道,促进教师资源的合理配置和有效利用。建立新型的人才引进和流动机制,不仅可以优化高校教师资源结构、提高教师素质,同时它还是人才资源市场化环境下的必然趋势。

(四)建立健全人力资源激励和竞争机制

高校人事制度改革要以实行教职工聘任制为主线,以用人制度和分配制度改革为重点,以建立人员能进能出、职务能上能下、待遇能高能低的竞争激励机制为目标,建立"以岗定薪、效率优先、优劳优酬"的分配激励机制。高等学校与教职员工之间应形成互相对等的主体,处于平等地位,通过签订聘约规范双方的权利和义务,分配制度应能体现人力资本的投资与回报之间的关系。高层次人才掌握着高新知识,培养成才的投资成本较高,理应获得与之相称的报酬。只有将分配制度与市场接轨,给人才价值以合理的定位,才有利于人才的稳定和良性流动。同时高校人力资源管理要合理融入激励和竞争机制,充分调动广大教师的积极性、主动性、创造性,让他们在轻松的环境中不断地进取、创新,为学校尽可能地创造价值。学校要想留住和吸引人才,重要的是给人才一个实现人生价值的支点,优厚待遇是吸引优秀人才的一个方面,而浓厚的学术氛围、充足的科研经费等条件保障及合理的教学科研成果奖励制度则是吸引和凝聚人才的重要保证。

(五)营造让人才脱颖而出的良好环境

在当前形势下,高校要保持人才资源的稳定,除了转变观念、进行制度创新外,还要努力创造一个有利于人才成长与发展的良好环境。

要创造一个良好的人文环境。高校人事管理人员要帮助教师协调好各方面的人际关系,使他们能够始终处于良好的人文环境中。

对于高校中的人才资源特别是高精尖人才,高校要努力搞好教师福利,提高教师待遇,解决他们的后顾之忧,使他们将全部精力投入到教学科研工作中去。高校应建立和完善社会保险、医疗保险、住房公积金等社会保障体系,为高校凝聚人才、深层开发人力资源提供保证。同时,进一步活跃学术气氛,营造学术氛围,营造让人才脱颖而出的良好环境,通过积极开展学术研究,促进教师素质的全面提高。

第二节　高校人力资源激励机制研究

高等学校的人力资源开发和管理，不仅要善于发现人才，还要善待人才，用好人才，更要注重对人才的工作动机的激发，高校要创造一个有利于人才成长的环境和机制，使人力资源更好地为学校服务，要做到扬其长，避其短，用其才，尽其能，激其志，励其行。

激励是"以人为本"管理中的核心问题之一。在管理学中，激励是指行为主体采取一定的措施激发个体的动机，使个体产生一种内在的动力，朝所期望的目标方向前进的过程。高校人力资源激励机制是指高校组织通过激励因素或激励手段与员工个体之间相互作用的关系总和，也就是高校组织激励内在关系结构、运行方式和发展演变规律的总和。

在高校人力资源开发与管理工作中，激励机制应基于教职工需要的满足——激励的出发点，通过施以必要的约束机制，科学设置信息沟通渠道，采取过程控制与目标控制相结合的方式及时对员工进行激励，以提高激励机制的实效，降低激励成本。

一、高校人力资源激励机制的重要性

（一）物质激励的重要性

物质利益是社会生活中不可回避的一个现实问题，人们总是追求利益并为此奋斗。物质利益是人类生存的基础，也是人们进行其他社会活动的最基本条件。人作为一个自然存在物，要进行新陈代谢，必须解决吃穿住等问题，自然就有一个物质利益的需要和追求。物质利益原则是马克思主义的基本原则，马克思指出："人们奋斗所争取的一切都同他们的利益有关。"物质利益作为人类生存的基础和基本条件，对人类具有永恒的意义，特别是在我国这样一个经济还不是很发达、物质生活还是很富裕的国家，报酬水平是高校吸引人才、挽留人才的有力手段，也是促进教职工努力工作的重要动因。在商品经济条件下，报酬不但是物质的需要、生存的需要，而且也已上升为精神的需要、自我实现和发展的需要。津贴的档次标准不仅代表着收入的高低，还是衡量自我价值的重要尺度和坐标，诠释着教职工在社会上的成就、地位和价值。

国外吸引人才很重要的一条就是年薪给高一些，另外再给你一幢房子住。他们认为给多少钱本身就是对你水平或者说对你劳动的一种肯定，一种认可。

第六章 高校人力资源的管理机制和信息系统研究

物质利益具有经济方面的保障作用,而且还能给人以安全感,让人的自尊心感到满足。因此,在高校人力资源管理中,要特别注意物质激励,物质利益不能得到满足时要注重物质利益的保证,即使物质利益得到了满足,也要考虑物质利益的不断提高。为此,高校要为教职工提供较高的工资待遇,这也是国外许多高校稳定教职工队伍的主要方法。

目前在我国,高层次人才、高素质人才短缺的问题依然存在,解决的办法还是要靠待遇,靠我们的政策。光靠大道理是留不住人的,事业留人、感情留人都非常重要,但待遇留人也要引起我们的高度重视。在目前情况下,对于大多数高校教职工而言,物质需要主要归结为与基本生活相关的诸如住房、工资待遇、生活条件和工作环境的改善等内容。虽然这些多属于较低层次的需要,但它们毕竟是每个教职工都要面对的现实问题,解决得好将会产生很大的激励作用。为此,高校要最大限度地满足教职工的物质需要。

(二)精神激励的重要性

物质需要的满足并不是最终目的。在物质需要得到一定程度的满足后,精神激励便成为激励的主导因素。需要是人们必需而又欠缺的事物在头脑中的反映,是人类一切行为的出发点、基础,是个人的心理活动与行为的基本动力,在高校中,人的精神资源是潜伏的,是一笔具有巨大能量的财富,要充分开发和利用。

在肯定物质激励对教职工积极性保护的同时,也要突出精神因素的激励作用,要把精神激励的显性因素与隐性因素统一起来发挥作用。显性因素是指正式的可感触的精神激励行为,如公开表彰、个别抚慰等。隐性因素是指潜移默化地影响教职工积极性的因素,如团结向上的校风、良好的教学科研设备、良好的学术环境等。尤其是蕴含于工作本身的激励因素,如肩负重要的工作责任,工作成绩能及时得到社会认可,职务职称及时晋升等。那些获得这种机会的教职工,大多会更加坚定自己的事业心,会增强责任感、成就感,个人能力会得到最大限度的发挥。高校要在这些方面多花气力,时时激励教职工敬业、勤业、乐业、精业,引导他们提高精神需求的层次。

(三)正确处理两者的关系

如何处理物质激励和精神激励两者的关系,是整个思想政治教育的核心问题之一。可以认为,在社会主义市场经济条件下,不断满足人们合理的、日益增长的物质性需要是调动其积极性的决定性因素。同时,在坚持、完善和千方百计利用物质利益原则的过程中,基于智力的、精神的和思想道德方面的精神激励的作用也应不断加强。

首先，物质激励和精神激励是有区别的。两者在表现形式、满足需要的种类和层次方面是不同的，因此，不能用物质激励去代替精神激励，同样也不能用精神激励代替物质激励。

其次，物质激励与精神激励又是紧密相连的。一方面，物质激励中包含着精神激励的因素，任何物质激励实质上都起着价值评价的作用。另一方面，精神激励除了能满足人们的精神需要外，也包含物质激励的成分或以一定的物质利益为基础，并且还会有效地调整人们对物质激励的主观满意程度。

二者辩证统一、相辅相成。在进行物质激励的同时，更要注重精神激励的作用，将两者有机地结合起来，实行同步激励。

二、高校人力资源激励机制的意义

（一）激发教师动力

高校人力资源管理以教师为中心，通过对每一个教师的科学管理，达到特定的目标。人力资源激励机制的科学化能够在满足教师需求的前提下，推动教学工作的高效开展。教师的需求得到了满足，这种满足就会化为他们教学的动力，因此会不断提高教学的积极性，通过更加合理的教学方式促进课堂教学效率的提高。人力资源激励机制对高校的发展有许多益处，在教学等方面能够发挥巨大的作用。为了高校的长远发展，构建科学的人力资源激励机制是必不可少的。

（二）优化高校氛围

和谐的高校教学氛围的形成不仅需要学生在高校中约束自身的行为，做到遵守学校的规章制度，还需要教师以身作则，约束自身的行为。如果高校的人力资源管理不科学，就极其容易导致教师的不满，教师在教学中的积极性与热情会低下，这对于教学质量的提高存在不利影响。此外，某个教师的不满情绪极易对其他教师产生影响，通过不良传递，就会影响整个校园和谐氛围的保持。这不利于高校校风、学风的优化。科学的人力资源激励机制能够起到优化校园氛围的作用，必须得到足够的重视。

（三）促进教育发展

高校教育的发展在很大程度上取决于广大教师的努力，广大教师通过自身的努力，能够帮助学生不断提高。在此基础上，学生的进步有利于学校声誉的提高，这对于高校的长远发展来讲，具有积极意义。科学合理的人力资源激励机制能够对教师起到巨大的激励作用，他们会在教育活动中无所保留地将知识传授给学生，帮助学生不断进步。对于高校来讲，这也是教育发展进步的动力所在。

三、高校人力资源激励机制存在的问题

（一）激励形式单一化

高校人力资源激励形式单一化具体表现在两个方面。第一，多采用物质激励的方式，精神方面的激励仍然较为欠缺，当教职工做出贡献，获得优秀成绩时，高校领导应当给予精神层面的肯定和奖励。第二，激励缺乏个性化考虑，由于教职工的学历层次、职务内容、工作性质等方面的不同，他们对激励的需求也呈现出不同；但是高校往往采用相同的激励措施，没有充分考虑教职工的个性化差异，激励灵活性不足，特别是对青年教职工的激励不足，青年教职工往往承担着较重的工作任务，却享有较低的待遇和较少的外出培训机会，长此以往将造成其工作效率低下，甚至导致人才流失等问题。

（二）考核评价体系不完善

当前，不少高校在对教职工进行评价考核时，存在不合理、不科学的情况，往往只对工作量予以重视，而忽视工作质量；没有充分认知不同学术领域的特性，采用相同的标准对不同领域教师的教学和科研工作进行考核；考核体系未将评过职称的教师考虑进来，职称终身有效；考核形式化，没有从德、能、勤、绩等方面对教师进行量化考核；未能充分考虑教师的道德品质、团队意识、心理素质以及协作精神等多方面的因素；由于高校教职工在学历层次、能力水平、工作性质和岗位职责等方面存在差异，统一的考核标准难以制订并执行。

（三）缺乏有效的人才竞争机制

高校未建立起有效的人才竞争机制，主要表现在以下几个方面。第一，高校聘任制尚待完善。由于受传统观念的影响，大多高校都没有建立起完善的用人机制，很多情况下并没有真正按照岗位要求，进行择优聘用，且存在一聘定终身的现象，流动机制不健全。第二，绩效管理没有与薪酬制度相挂钩，未实现绩效薪酬对教职工的激励作用，使得教职工在教育教学、科学研究和行政工作方面积极性不高、效率低下，未能够形成良好的竞争氛围。

四、高校人力资源激励机制优化与健全的原则与途径

（一）高校人力资源激励优化与健全的原则

1. 以人为本原则

以人为本原则是马克思主义理论的基本观点之一，以人为本要求一切以为了人的生存和发展为基本准则。在高校人力资源激励机制中坚持这一原则就是要把尊重教师的教学地位、理解教师在工作中的难处、关心教师内心的真正需要、调动教师对工作的积极性始终放在第一位。激励机制只是一种激发人的主动性的工具，管理者不能因循守旧，抱着没有人情味的制度对教师采取"一刀切"的策略，而是要学会挖掘教师的才能，最大限度地让教师实现自身价值，让教师的内心充满喜悦和满足感。此外，管理者要积极营造一种和谐的、浓厚的学术氛围，为教师提供更加先进的教学设备，改善现有的教学条件，丰富教学资源，让每位教师可以在这一民主、自由的工作环境中迸发出新的思想火花。

2. 公平原则

亚当斯是美国著名的心理学家，他与同事搜集了众多数据和资料，研究发现，一个人对自己所获得的报酬不看绝对值，而是会通过纵向和横向的比较看相对值。换句话说，个体会将自己所获得的薪资报酬与周围其他人进行比较，如果个体认为自己所得报酬与他人相差不多，会认为自己在这一过程中获得了公正、公平的对待；如果个体认为自己所得报酬与他人相差较多，会认为自己在这一过程中获得了不公正、不公平的对待。出现前者的情况会促使个体在以后的工作中继续保持积极向上的精神状态和饱满的工作热情，出现后者的情况会促使个体在一段时间内或者更长时间内表现出对工作懈怠、松懈等消极情绪和不满情绪。因此，在人力资源激励机制中管理者要做到一视同仁，对待任何一位教师都要秉持公平、公正、公开的原则，按照奖励制度和奖励标准对教师进行奖励，在奖励过程中是否感受到了公正感与教师自身今后的工作努力程度有着直接的关系。由于教师所从事的职业的特殊性、工作内容的复杂性和教学成果的长期性，其奖励程度和范围有时会出现一些偏颇，这就需要管理者逐步缩小这一差距，使考核标准逐渐呈现出明晰清楚的状态。

3. 竞争原则

在这里所说的竞争原则包含内部竞争和外部竞争两个方面。在内部竞争方面，高校管理者所制定的激励方案尤其是职称评审方案要遵循竞争原则，

不能仅仅根据教师的资历和教龄进行评选，而是要将教师的科研成果和教师的教龄等多方面因素作为主要的考量对象，不能因为教师的教龄高于青年教师，而使青年教师在评选条件中处于不利地位。管理者要积极鼓励青年教师参与学校的各项教学评估工作，让青年教师这一支新鲜的血液尽快融入大环境。此外，管理者要给予青年教师更多的发展平台，给其提供便利的发展条件，以老带新，在这种传、帮、带的形式下将高校的和谐气氛传递给每一位教师。在外部竞争方面，高校管理者要对外校的人力资源奖励机制有一定的了解和认识，在这一基础之上找到和发现本校的激励机制存在的问题，从而对症下药。这里所说的竞争原则更多地体现在外部竞争方面，当今社会，高校教师面临着诸多诱惑，有些教师因在本校中自身的才华和能力得不到充分的发挥无奈之下选择其他院校的现象早屡见不鲜；有些教师在本校中的薪资待遇水平明显低于其他院校，这也会导致其辞职另谋他处。这些现象都说明了一个问题：管理者没有遵循竞争原则导致了无数优秀的人才外流。这就要求管理者要秉持竞争原则，不断吸引外来人才，留住本校人才。

（二）高校人力资源激励机制优化与健全的途径

1. 推进激励形式多样化

首先，不断完善激励机制，重视精神激励的作用，实现物质激励与精神激励的有效统一，结合高校教职工文化素质较高、需求层次较高的特点，积极营造良好的工作环境、学术环境，构建良好的校园文化，给予教师更多的个人发展机会，对其个人成就以及对学校的贡献要给予充分肯定，给予荣誉奖励及精神鼓舞，使其能够获得成就感和满足感，使其自我价值得到实现。其次，充分了解不同学历层次、不同工作性质和不同岗位职能的教职工的个性化需求，针对个体差异，采取不同的激励形式，合理地进行激励。尤其要重视对青年教师的激励，对其生活问题、职业发展等予以关心，为其创造良好的学习环境、成长条件，使其能够获得更多自我实现的机会。

2. 不断完善考核评价体系

第一，完善考核标准，不仅要对工作量进行考核，还要对工作质量进行量化、透明化的考核；具体可根据教职工工作性质和岗位职能的不同建立明确、易操作的考核指标，制订行之有效的考核办法，对其工作业绩进行量化考核；同时要保证考核过程的公开透明，将考核办法切实落实下去，保证考核结果的公平公正。第二，完善评价机制，设定具体化的评价指标，如完成科研课题、发表学术论文等，以便让教师能够有清楚的工作方向，不断提升教学质量和科研水平。推进奖惩评价制度、发展性评价制度的完善，前者要求全面、公开地对教职工的工作能力、工作业绩进行评价，实事求是地进行奖励或惩罚；后者则是以高效教职工的长远发展为着眼点，通过科学的评价，发现其优缺点，通过适当的激励措施使其实现自我增值，强化并提高其荣誉感和积极性，从而有效提升其教学质量、工作水平。

3. 积极引入竞争机制

高校人力资源激励机制的建立离不开竞争机制，竞争与激励的有效结合，能够不断提升高校人力资源的建设水平。首先，高校要实施全员岗位聘任制，高校要积极引入市场机制，根据岗位职责公开选拔人才，真正实现人才的择优聘任，并且要严格遵守聘任程序，确保教职工队伍的整体素质。其次，对于在岗教职工也要实施竞争机制，通过建立优胜劣汰的用人机制，充分调动教职工的工作积极性；将福利薪酬与绩效管理相挂钩，实行差异化的福利薪酬体系，对在教学科研、教学管理等方面表现突出的教职工给予福利薪酬方面的激励，给予其更多的发展机会，强化教职工的竞争意识，使其能够积极开展工作，提升工作效率和工作质量。

4. 建立合理的薪酬体系

薪酬分配制度要体现"按劳分配、效率优先、兼顾公平、优劳分配"的原则。近年来高校都在走薪酬改革之路，都在进行薪酬体系的改革，不仅是为了顺应时代发展的需要，更多的是为了建立人事激励机制。高校要根据自身的发展水平、财务状况，结合教师队伍的特点制订符合自身特点的工资分配办法，逐步在工资上形成多层次、多形式并存的多元化分配机制。

薪酬是激励机制的重要组成部分，合理的薪酬体系能够更好地调动教职工的主观能动性，增强集体凝聚力，使高校吸引并留住人才，最终实现人才培养目标。高校是高层次人才聚集地，应建立一种更适合高层次人才的混合型薪酬体系，高校要注重人才的内部培养，规划教师的职业发展，为其提供灵活的工作时间、安全和宽松的工作环境，重视教师的身心发展。薪酬体系只有跟上人力资源需求发展的步伐，才能不断完善，实现薪酬体系激励效用的最大化。

5. 物质激励和精神激励相结合

具有自身特色的校园文化是任何一所高校必不可少的精神支柱。知识分子相对于其他人具有更高层次的精神需求，物质激励和精神激励是支持他们向前迈进的必不可少的动力源泉，缺一不可。高校应该注重校园文化建设，努力建设学习型和科研型的文化氛围，给教职工创造一个良好的学术环境，这样高校的激励机制才能得到全面发展。

高校不仅要注重物质激励，还要重视精神激励。高校人力资源管理要以人为本、尊重人、理解人、关心人，把调动人的积极性放在首位，关注人的兴趣、情感和价值取向。高校要维护教师的身心健康，营造一个民主、健康、积极的工作氛围，充分发挥高校人力资源的主观能动性，增强高校人力资源的凝聚力，使人力资源激励机制得到充分发挥。

第三节　高校人力资源绩效管理机制研究

一、高校人力资源绩效考核的内容和指标

（一）高校人力资源绩效考核的内容

绩效考核可以分为能力素质考核、过程考核和结果考核三个阶段。能力素质考核的目的是评价教职工是否能够胜任其岗位，是否具有胜任岗位所需要的能力。过程考核是指对工作的阶段性完成情况进行考核，以防工作出现落后、不能如期完成的情况。对教师的过程考核包括教学过程考核和科研过程考核。结果考核即业绩考核，是对教职工的工作量和成果进行考核，全面反映每位员工上一阶段的工作业绩。目前，我国高校绩效考核的总体内容主要是德、能、勤、绩四个方面。以教师为例，德、能、勤、绩的具体内容如下：

①德。教师是学生的学习榜样和人格示范，教师应具有良好的师道、人格形象、职业道德和健康的心理素质。教师的道德素质是教师在教学过程中所表现出来的责任心和道德感。在教育领域中，教师首先必须有对教育事业的敬爱与热诚，必须维护学生的利益。此外，教师在与学生交往过程中体现出来的言行举止、对学生人格的尊重等，对学生的成长有着重要影响。对教师"德"的考核主要从政治表现、思想状况、职业道德水平三方面进行。

②能。"能"包括智能结构和能力，特别要求教师要有较高的专业知识水平和较宽的知识面。能力包括知识更新能力、创新能力、实践能力和科研能力。

③勤。对勤进行考核首先是考核教师为教育事业付出的努力程度。其次是考核教师对其职业、所属学院或部门、服务对象的责任感。因此，对勤的考核应从事业心和责任心两方面进行。

④绩。绩是对教师个体对组织贡献程度的衡量，是所有工作关系中最本质的考核。它直接体现教师在学院中价值的大小，与被考核者担当工作的重要性、复杂性和困难程度呈正相关关系，通常称为考绩，是对教师承担工作

的结果的考察与考核。绩包括教学业绩、科研业绩。

当前，德、能、勤、绩的标准仍然是高校行政人员绩效评价的主体内容，其具体考核内容与教师绩效考核有共通之处，但两者因工作性质和工作内容不同而存在考评具体内容方面的差异，其考评方法和周期也会有相应的调整。因此，在实践操作中不能全校一张表格一个形式。

（二）高校人力资源绩效考核的指标

指标是一种可以评估发展、确认挑战和需求、监督实施和评估结果的有效工具，它可以显示与某个重要目标或动机相联系的某种事物的发展情况。一般而言，绩效评估指标由评估要素、评估标志和评估尺度三个基本要素构成。考核指标的设计是考核系统中至关重要的一个环节，指标设计得好坏，将直接决定能否科学、客观地反映考核对象。具体而言，指标的设计要坚持SMART原则，即具体性、可衡量的、可实现的、工作相关性、时效性。同时，考核指标要坚持定性指标与定量指标相结合的原则，要考虑指标数据是否易于取得，其信息来源渠道是否可靠等。由于高校教职工工作任务、素质能力、角色等方面存在特殊性，因此绩效考核指标的设计具有极大的复杂性。在设计绩效考核指标体系时，除了要遵循上述要求，还要明确学校属于什么性质、对哪些人员进行考核以及考核的目的是什么，以确保绩效考核指标体系的合理性和适用性。

1. 高校人力资源绩效考核指标设立的程序

第一，岗位分析。根据考核目的，对被考核对象岗位的工作内容、性质以及完成这些工作所具备的条件等进行研究和分析，了解被考核者在该岗位工作所应达到的目标、采取的工作方式等，初步确定绩效考核的各项要素。

第二，要素调查，确定指标。针对上述步骤所初步确定的要素，可以运用多种灵活的方法进行要素调查，最后更加准确、完善、可靠地确定绩效考核关键指标。

第三，修订。修订分为两种：一种是考核前修订，通过专家调查法，将所确定的考核指标提交领导、专家及咨询顾问，征求意见，修改、补充、完善绩效考核指标体系；另一种是考核后修订，根据考核及考核结果应用之后的效果等情况进行修订，使考核指标体系更加理想和完善。

通常采用的设计绩效考核指标体系的方法有绩效指标图示法、问卷调查法、个案研究法、访谈法、总结经验法、多元分析法。其步骤分为四步：第一，提供指标问卷，征询专家意见，初步统计；第二，提供修改补充问卷，再征询专家意见；第三，统计分析调查结果；第四，确定指标。

2. 高校人力资源绩效考核指标权重的确定

指标的权重是指指标对总目标的贡献程度。当被评价对象及评价指标都确定时，综合评价的结果就依赖于权重系数，权重系数确定得合理与否，关系到综合评价结果的可信度。同时，准确、合理的权重，可使教职工能够集中主要的精力去完成重要而复杂的工作目标，也能使管理者能够更客观地去考核员工的工作绩效。

层次分析法是确定指标权重的有效方法。层次分析法把一个复杂问题分解成各个组成要素，并按这些要素的支配关系组成递阶层次结构，通过两两比较的方法确定层次中诸因素的相对重要性，然后综合决策者的判断，确定决策方案相对重要性的总的排序。它既体现了人的决策思维的基本特征，即分析、判断、综合，又是一种定性与定量相结合的方法，它抓住了问题的整体判断，能较全面地反映考核对象的整体情况，从而避免片面性。

3. 高校人力资源绩效考核指标体系的构建

高校人力资源绩效考核指标体系的构建可以借鉴"维度—基本指标—修正指标"组成的多维度绩效指标模型结构。维度居于指标体系的最高层，是对评估范围的类型划分，维度区分，使评估层面更加条理化，评估视角更加集中，评估指标更具可比性。维度与指标相比，维度是对评估对象、评估行为的类型区分，规定了评估的基本向面。基本指标则直接与评估对象的工作性质与职能相关，由评估对象的主要工作职能分解或组合而来。基本指标数量少，概括性强，在实际工作中容易掌握，对基本指标的评估，可以反映出评估对象的绩效概况。修正指标是指用以对基本指标进行校正的重要辅助指标，它可以依赖于基本指标独立发挥作用。根据高校人力资源绩效考核的内容，层次分析法和专家打分可以确定不同类型员工的绩效指标体系。

二、高校实行绩效管理的必要性和可行性

（一）实行绩效管理符合科学发展观的要求

高校的绩效管理注重教职员工的个人成长，充分体现了以人为本的精神。绩效管理注重的是学校的整体效率和效益，而这正是实现学校可持续发展、协调发展的关键所在。一个没有绩效的学校既谈不上可持续发展，又谈不上协调发展。

（二）实行绩效管理是高校人事制度改革的需要

人事制度的改革，目的是提高学校的整体效率，提高办学的效益，同

时实现教职员工的不断进步和成长。实行绩效管理是提高学校的员工绩效和组织绩效的最有效方式，也是确保人事制度改革成功的关键。可以说，不实行绩效管理，就不能完全达到人事改革的目的，人事制度改革最多算成功了一半。

（三）实行绩效管理是加强党风、政风建设的需要

高校里也存在一些不正之风，绩效管理将有助于形成求真务实的工作作风，促进校园文化的建设。

三、高校人力资源绩效管理机制的构建

（一）转变管理观念，构建先进的绩效文化

以往将绩效管理等同于绩效考核，重结果轻管理、重惩罚轻发展，缺乏与绩效管理相匹配的组织文化和以人为本的关怀。广泛宣传绩效管理理念、坚持以人为本的原则是构建先进的绩效文化，转变管理观念的有效途径。

1. 广泛宣传绩效管理理念

深入了解是广泛参与的前提。通过广泛的宣传，介绍绩效管理的理念、意义和方法，并开展相关的公共讨论，发动全校教职工参与到人力资源绩效管理系统的设计中来，充分听取他们的意见和建议。这样可以使管理者与教职工意识到绩效问题关系整个学校，涉及校长、相关部门及所有教职工的利益。同时逐步培养每一名教职工都成为自己的绩效管理专家，教会他们如何制订自己的绩效计划，并很好地管理自己的绩效，使教职工都能增强"自适应、自发展"能力，更好地实现自我的完善与发展。同时，使所有教职工变被动为主动，变"要我做"为"我要做"，只有这样，才能使绩效管理在高校人力资源中深入人心，推动学校和教职工共同进步。

2. 坚持以人为本的原则

现代人力资源管理强调以人为本，把人的发展看成组织发展的一个重要目标。因此，高校人力资源绩效管理应该对教职工的职业发展充满人文关怀，把教师的职业发展与学校的发展有机地结合在一起。发展性绩效管理强调以促进教职工的专业发展为目的，是一种考评者与被考评者双方在互相信任的基础上双向进行的沟通管理活动，和谐的气氛贯穿于评价过程的始终。学校领导应注重长期的目标，注重教职工的未来发展、个人价值，调动全体员工的积极性，制订教职工认可的评价计划，双方共同承担实现发展目标的职责。绩效管理体系应体现教职工的主体性。管理者应以人性化的态度强调教职工

第六章　高校人力资源的管理机制和信息系统研究

在评价中的主体地位，给他们充分的自主权，调动其积极性，使绩效管理成为促进教职工发展的工具。只有对教职工的职业发展充满人文关怀，绩效管理才能缩短管理者与教职工的心理距离，才能使他们真正认识到绩效管理的重要性并对绩效管理产生一种内在的需求，绩效管理也才能起到应有的作用并收到最好的效果。

（二）合理定位，明确绩效管理的目标

高校人力资源绩效管理是通过识别、衡量和传达有关教职工工作绩效状况的信息，从而使高校的发展目标得以实现的一种逐步定位的方法。因此，高校的定位是教职工对个人行为进行定位的前提。为了实现更好的绩效管理，高校的定位要合理，高校的定位和发展目标战略要能准确、清晰、明确地传达给每一个教职工，从而使他们明确各自在高校发展中的定位。高校应依据自身特色和优势合理确定自身定位，将自己定位为教学型大学与定位为研究型大学会有不同的高校战略目标。高校战略以高校未来为出发点，旨在为高校维持竞争优势做出有关全局的重大筹划和谋略，是绩效计划的依据。绩效目标的制订，应该从高校战略出发，按照高校战略、高校目标、部门目标（学院目标、专业发展目标）、个人目标的逻辑顺序，进行瀑布式分解，这样就形成了一个绩效目标从上到下层层分解，各个层面横向联结的明确的绩效目标体系。

（三）和谐沟通，搭建绩效管理的平台

创造和谐的校园人际关系和情感氛围，是做好学校一切工作的基础。管理者与教师之间的沟通与交流，能促进形成开放、积极参与、主动沟通的组织文化，增强学校的凝聚力。在高校人力资源管理实践中如果缺乏较强的人本意识，没有充分的情感交流，一味地下行政命令，广大教职工很容易产生逆反心理，思想上离心离德，行动上一盘散沙。绩效管理提倡管理者与教职工是一种绩效合作伙伴的关系，管理者有义务与教职工就工作任务、绩效目标、考核标准和改进计划等问题进行沟通，这种沟通不仅包括信息的交流，还包括情感、思想、态度、观点的交流。管理者通过交往和联系，可以了解教职工的心理动态和工作状况，以及他们之间的交往与沟通情况。人本意识的直接结果是情感管理，高校要注重教职工的内心世界，从内心深处来激发他们的内在潜力、主动性和创造精神，促进形成和谐、奋进、具有亲和力的"家庭式"的氛围。

(四)多元考核,促进人力资源的全面发展

高校人力资源绩效管理工作不仅要提高组织的绩效水平,还要创造机会与空间让每个教职工的才能都能得到充分的发挥,在绩效考核指标体系的建立上也要充分地体现这一点。要依据高校各个不同的工作岗位合理制订考核指标体系,尤其是要慎重确定权重系数,管理人员考核应不同于教师考核。高校教师追求自我实现的潜在形式是多种多样的,如专业教学、道德教化、社会服务等。高校的功能正是通过教师人力资源的全面使用充分体现出来的,单一或局限的考核维度或单纯的企业管理的定量化考核与评价方法,都不适合高校的人力资源绩效管理。为综合考核高校教师的绩效状况,就应该针对教师的教学、育人、科研、服务四个方面分别设计考核指标体系,将定性考核指标与定量考核指标有机地结合起来,通过四维度指标全面考核高校教师的业绩。这种多元化的高校人力资源考核与评价体系,能够强化高校教师人力资源的多元化功能,鼓励与激发每个教师最大限度地、全面地去发展自己。

第四节 高校人力资源管理信息系统研究

一、高校人力资源管理信息系统概述

(一)高校人力资源管理信息系统的含义

管理信息系统是由人和计算机等组成的、能够提供信息以支持一个组织机构内部的作业管理、分析和决策职能的系统。它以先进的信息网络通信技术为手段,以软硬件系统为平台,对来自管理过程中的各类信息进行收集、加工、整理、归类、传递、储存、维护和使用。

人力资源管理信息系统是人力资源的管理体制、管理模式、管理思想观念和管理制度的体现,它贯穿于人力资源管理的各个环节。人力资源管理信息系统不是简单地将计算机运用于人力资源管理过程中,或者仅将计算机作为人力资源管理的辅助性工具,而是利用信息进行管理的人机系统。它不仅要考虑计算机技术、信息技术、网络技术和通信技术等技术性问题,还要充分研究人力资源管理过程中的组织机构问题、管理体制问题、管理思想观念问题和人的行为问题。

传统的人事管理系统一般以教职工档案管理和工资管理为主,基本上停留在事务性管理工作上,处于封闭式管理状态,不能满足开放式、跨平台和多级管理的需要。与传统的人事管理系统不同,高校人力资源管理信息系统

是从"全面人力资源管理"的角度出发，利用国际互联网或者内部局域网技术与数据库技术，为人力资源管理搭建的一个标准化、规范化、网络化的工作平台，旨在在满足人力资源部门业务管理需求的基础上，将人力资源管理生态链上不同的角色（如高层领导者、人力资源管理者、用人部门及教职员工）联系起来，成为高校实行"全面人力资源管理"的纽带。这一管理变革与组织内的其他变革一起，使组织内利用人力资源信息人员的范围更加广泛，并且使人们拥有更多的管理人力资源信息的机会。高校人力资源管理信息系统最终解放了人力资源管理者的"双手和大脑"，使他们能把工作的重心放在服务员工、支持学校管理层的战略决策上，放在学校最重要的资产——教职员工和教职员工的集体智慧的管理上，真正体现了人力资源管理在高校发展过程中的战略地位。

（二）高校人力资源管理信息系统的功能和作用

1. 促进人力资源管理变革

高校人力资源管理信息系统不仅是一种高新技术的应用，还是一种管理思想的导入，是对高校原有人事管理理念的革新，是对人们心理和行为方式的双重改变，具体体现在以下几个方面。

（1）管理方式的变革

高校人力资源管理信息系统的使用使人力资源管理人员的工作方式及工作时间分配方式发生了巨大转变，使其战略性、策略性的工作时间远远大于基础性的行政事务性工作时间，将人力资源工作提升到了战略性和开拓性工作的高度，即站在高校发展战略的高度，主动分析、诊断人力资源现状，为高校决策者准确、及时地提供各种有价值的信息，保证高校战略目标的形成，为目标的实现制订具体的人力资源行动计划。该系统重点思考如何创建良好的校园文化、个性化的员工职业生涯规划、符合高校实际情况的薪酬体系与激励机制，特别关注对高校人力资源的深度开发，旨在为高校的人才培养、科学研究和社会服务提供更为优质的人才智力支持。

（2）管理理念的转变

高校人力资源管理信息系统主张开放式、人性化的管理，它使人力资源管理从单一的、自上而下的管理，向互动、多方位、全面、专业化的方向发展，促进了人力资源管理向全员参与管理模式的转变，使每一位教职员工都可以参与人力资源业务部门的工作，使教职员工在管理过程中不再处于被动地位，从而形成了"以人为本"、互动管理的人力资源管理局面。

（3）业务流程的优化

一套合理而完善的人力资源管理信息系统能够消除手工作业分散、隔离、盲目等缺陷，实现各管理功能的关联，保证信息共享，促使流程规范化，从而使各项人力资源管理职能在实际运用中能够得到衔接。同时还能为高校管理与决策提供准确、全面、及时的人力资源信息支持。

2. 提高人力资源管理水平

随着互联网、大型关系型数据库、视频系统、电子邮件等软件和硬件设备以及相关基础设施的出现与普及，高校人力资源管理信息系统充分利用信息技术快速、准确、互动、海量存储的特点，对人力资源管理专业理论在高校管理实践中的应用起到了关键性的推动作用，有效地扩展了人力资源管理的覆盖面，提高了高校人力资源管理的效率和质量。高校决策层可以通过该系统迅速准确地获得有关人力资源管理的信息，为决策提供依据。人力资源管理业务部门可以通过该系统对教职员工状况、人才需求标准等有清楚的了解，从而有利于明确人力资源管理的方向，提高管理水平。

3. 降低人力资源管理成本

高校人力资源管理信息系统的使用降低了人力资源管理的直接成本和间接成本。在降低直接成本方面，如减少人力资源管理工作的操作成本，减少行政性人力资源管理人员的数量，减少通信费用等。系统可以通过软件和网络来完成一些原本需要使用大量纸张的工作（如记录员工考勤情况、发放工资单、查询员工信息、统计数据、分析数据并制作报表等），从而不但使高校实现了无纸化办公、节约了纸张，而且还使高校减少了相关办公用品的开支。对于一些校园区域分散特别是存在不同校区的高校，通过网络来实现人力资源管理，可以大大减少通信及相关费用；另外，系统可依托网络环境，实现工作协调力度的提高，人力资源管理各项工作的效率可以大大提高，这间接降低了人员管理成本。

二、高校现有人力资源管理信息系统存在的问题

（一）系统封闭，信息零乱

在现有系统中，普遍存在的问题是各系统之间相互独立。对于管理人员而言，需要在单机的各个系统之间来回操作，尽管从形式上积累和收集了大量的业务数据，但是这些数据没有统一的格式，也没有经过科学的整理和分类，有价值的复合信息少。另外，信息管理体系不完善，信息部门化现象明显，

第六章　高校人力资源的管理机制和信息系统研究

严重影响了工作效率和工作质量。

（二）功能单调

虽然计算机技术已经在人事信息管理中得到了应用，但是目前的信息系统还只是停留在以教职工档案管理和工资管理为主的基本功能上，只能做到输入、存储、修改和简单地查询，对于信息的加工、分析无能为力，忽略了管理中的决策问题。如工资管理软件只能提供个人工资状况的查询、修改功能，对于年发工资总额的增长幅度、同类单位平均工资的比较、各类人员工资发放情况分析、人力成本和效益之间的关系等重要的辅助决策的信息，都无法提供。

（三）缺乏智能化

现行的系统通常不能帮助管理人员完成事务型的管理任务，也就是说不能提醒工作人员应该注意最近哪些工作应该开始展开。比如，哪些教职工的合同到期，需续签；哪些教职工的职称评审年限已到，需要准备材料等。由此造成的失误往往影响职工的工作积极性。

三、良好的高校人力资源管理信息系统的构建

（一）系统的构架设计

B/S 模式和 C/S 模式是目前两种主要的网络结构模式。B/S 模式对客户端系统的要求较低，操作方便简单，也能很好地和现有网络结合。目前，Web 技术不断发展和创新，其交互性、数据传输速率、安全性已经达到 C/S 模式的水平。高校中具有较多的人员，并且分散于各个部门，应用 B/S 模式更加方便，并且系统开发也更具操作性和经济性。

（二）系统的功能模块设计

1. 系统维护模块

这个模块包括设置备份和还原数据、基础设置、修改用户密码三个子模块。它能通过远程操控将数据库备份或者还原，能最大限度地避免丢失数据的情况发生；也能在系统中设置一些常用公共数据。

2. 用户权限管理模块

这个模块在系统安全体系中发挥着重要作用，包括设置系统日志、角色管理、用户管理、权限分配这四个子模块，可以将用户登录以及退出系统的信息全面准确记录下来，还能对用户角色进行创新、修改或者停用。

3. 教职工事务管理模块

这个模块主要对日常事务进行处理，对所有用户开放的有考勤管理、电子档案功能；对指定用户开放的有调配管理、干部任免管理功能。普通用户可以查看自己的考勤记录、审批请假单、电子档案。同时还能在线填写、审批、打印调配单，完成调配管理。

4. 师资管理模块

这个模块主要对所有教职工的职称晋升、进修培训、资格考证、岗位聘任信息进行处理，所有功能的小模块对所有职工开放。

5. 薪酬福利管理模块

这个模块可以批量录入人员年度考核的结果，以人员岗位为依据自动生成工资表，可手动更改工资表中不是财政统发项目的工资，查询和输出方便，这个模块对所有教职工都是开放的，任何一个人员都能通过这个模块查到和自己有关的信息。人事部门的有关人员可以将所有教职工的年度考核结果录入，然后对工资进行修改和核销。只要考核结果通过审批，对应人员的档案就会同步更新。

6. 人才规划辅助决策模块

这个模块以人才队伍目标年度的规模以及结构控制需求年度的人员调整量。这个模块主要对院校领导开放。

7. 查询设计模块

这个模块能够进行高级查询，对指定用户开放。

（三）系统的维护与安全

1. 用户管理

识别授权用户标志是安全控制机制中最重要的一环，也是安全防范的第一个环节。

2. 存取控制

存取控制机制的定义是控制一个对象对另一个对象的存取访问权限。数据库安全最首要的课题就是确保只授权给有资格的用户以访问数据库中数据的权限，并能以令人信服的方式证明、测试这一保证的可靠程度，同时，令所有未正常授权人员无法打开数据库及相关资料。

总之，高校人力资源管理信息系统的构建，有利于学校充分挖掘自身

第六章　高校人力资源的管理机制和信息系统研究

人力资源潜力。高校人力资源管理信息系统实现了人力资源的动态管理，优化了管理流程，提供了基于信息的决策支持，促进了学校管理的信息化，提高了科学管理水平，有助于全面提高学校的综合实力并有助于教职员工共同成长。

第七章 高校行政改革概述

第一节 高校行政管理概述及存在的问题

一、高校行政管理概述

高校行政管理主要是指高等学校为了实现学校教育工作的目标,依靠一定的机构和制度,采用一定的措施和手段,发挥管理和行政的职能,带领和引导师生员工充分利用各项资源,有效地完成学校的工作任务,实现预定目标的组织活动。高校行政管理对高校的教学和科研活动具有辅助性的作用,是高校正常运行与发展的必不可少的一个环节。

(一)高校行政管理的内容

各高校的行政管理内容主要包括以下三方面:

1. 协调好学术与行政之间的关系

各高校在行政管理上,存在着许多的问题,最为突出的是高校中的行政权力和学术权力之间的关系问题。而各高校的行政管理人员要想充分地解决此问题,就要对各高校的行政人员和学术人员进行剖析,妥善地处理好行政管理的高层和执行人员与教师、教授和学生之间的关系。

2. 协调好部门与其功能之间的关系

协调好部门与其功能之间的关系是高校做好行政管理的关键。各高校一定要注意这个问题:各高校的行政管理部门的功能不能重复,功能的制定要具有科学性和合理性,功能要和他们的岗位相符合。如果存在功能不匹配部门、下放的权利重叠等现象就会导致行政管理工作混乱,效率低下。所以要切实地处理好各行政管理部门与其功能之间的关系。

3. 协调好职员结构与改革管理之间的关系

协调好高校的职员结构与改革管理之间的关系,通常可以说就是对高校

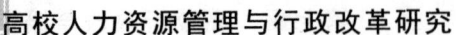

的行政管理人员和改革管理的具体措施进行深入的了解。各高校的行政管理改革，通常离不开对行政管理人员队伍进行改革。如果行政管理人员的队伍过于庞大，在管理中，就会出现很多的问题，甚至出现管理停滞的现象。所以，整个高校的行政管理队伍结构越精炼，职能分配越清楚，行政管理就越能达到预期的效果，就越能激发行政管理人员的斗志。

（二）高校行政管理的职能

各高校的行政管理职能可以大体分为统治职能、社会服务职能和社会管理职能。

1. 统治职能

各高校的行政管理的统治职能是指，各高校要以国家下发的各项教育方针政策为依据来进行教学。

2. 社会服务职能

社会服务职能体现在，行政管理组织按照各项规章制度来组织高校的非行政人员进行教学和科研研究等行为。行政管理人员要处理好各种问题，全方位地使高校的各个教职工都能在自己的岗位上勤劳奋斗和爱岗敬业，最后实现高校的预期目标。

3. 社会管理职能

社会管理职能主要表现在，行政管理人员通过履行具体的管理职责，能够对高校的教职工进行正确的规范性的指导。

上述职能的决定性在于我国的社会主义性质，对于我国各高校在教学和科研方面起到重要的作用。各高校的行政管理职能能对各高校的教学起到保障作用，所以要在拥护高校行政管理职能的基础上，还要随着社会的发展和变化不断地完善和创新各高校的行政管理职能，只有这样各高校的教育水平才能得到提高。

（三）高校行政管理的运行机制

要想充分地发挥各高校的行政管理职能，首要问题就是要不断地对运行机制进行创新和改革。这就要求各高校要有一个良好的运行机制来对其工作进行保障，这样才能够使各高校的行政管理人员得意安稳地工作，才能更好调动行政人员的积极性。总体来讲，各高校的行政管理运行机制包括决策机制、竞争机制和动力机制三点。

1. 决策机制

社会主义要求我们要做到科学与民主的统一，高校只有拥有良好的决策机制，做好科学与民主的统一，方能在行政管理过程中做出最合适的行政决策，才能最大限度地保障高校行政管理的合理运行。

2. 竞争机制

竞争机制是各高校行政管理机制中的一个必不可缺的重要机制，而竞争机制的建立，主要体现在教学水平和高校师资队伍的管理上，体现在教学与科学研究上，后勤保障等方面也有明显的体现。市场经济的重要法则之一就是竞争。高校行政管理引入竞争机制，对于行政管理人员的创造性和主观能动性的发挥起到了重要的督促作用，这有利于提高高校行政管理工作的效率。

3. 动力机制

首先要强调的是高校行政管理的动力机制，包括其内在的吸引力，外界的压力与吸引力。其中所说的吸引力包含了各高校在其硬件设备上对外界的吸引力因素，包括各高校的办学条件、校园环境、办学历史和学术氛围等。各高校只有具备了吸引力，才能形成能动力和向心力。就目前的各高校现状来讲，各高校的行政管理人员和教职工的价值观是各个高校在前进上的动力所在。有着一个良好的内在动力，方能使他们保持一个良好的工作状态。而外界的压力又主要包含了高校在社会上的口碑、国家对其的重视程度、各高校的教育目标，等等，这实际上就是动力机制中不可缺少的一种反弹现象。

（四）高校行政管理的作用

各高校得以进行教育和科学研究的首要条件就是高校行政管理的实施，而各高校的行政管理在其管理体系中起着最基础的作用，而在管理系统中，最为突出的就是指导、调节和约束功能。如果将各高校的教育行政管理剔除，就会导致各高校在教育职能中出现很多问题，教学和科学研究也没法正常进行，各种工作会停滞，整个高校将会出现教学质量下降、科研成果减少等一系列的问题。所以我们要保障好、协调好激励好高校行政管理的发展与改革。

第一，各高校的行政管理工作的保障性，主要表现在高校行政管理的服务性功能上。各高校的行政管理工作，一般来讲涉及整个高校的运转，几乎各高校的所有事宜都离不开行政管理。即使是一件微不足道的事情，如果管理上出现问题，也会导致全局出现问题，进而阻碍工作的进展，降低工作效率。所以，要想切实地保障各高校的行政管理的发展与改革，对于各高校的行政管理工作来讲，就是要积极地发挥好其服务性的功能，将它的服务性功能运用到工作中,处理好各种关系。

第二,各高校的最主要目标就是为国家培养人才,而高校必须通过对大学生进行教学、管理和服务来实现这一目标。而高校对大学生进行教学、管理和服务,离不开高校各部门的协调运转,各部门之间由于具有较大的差异性,难免出现各种不协调的情况,这时各高校的行政管理部门就要切实地发挥自己的作用,认真地处理好各部门之间的关系。各高校的行政管理人员,在其行政工作中,一定要树立教学和科研服务的理念,把高校的行政管理工作做到位,最终实现高校行政管理水平的提高。

第三,关于激励各大高校进行行政管理的发展与改革,首先国家要给予大力的支持,做各高校强劲的后盾,其次各高校自身也要做好宣传工作,使教职工和学生支持行政管理工作。

对于各高校的行政管理工作来讲,它的最大作用就在于监督和检查学校内部各部门及其员工的工作情况。各高校的行政管理工作在一定程度上,应将绩效考评加入其中,这样才能提高管理工作的效率。

二、高校行政管理存在的问题

行政管理是学校教育和科研工作有序、高效运行的保障,在整个高校管理中起着承上启下的作用。目前,高校行政管理水平的高低已经成为衡量学校竞争力的重要标准之一,但高校行政管理在不断推进的过程中也出现了诸多问题,阻碍了高校各项工作的良好运转。

(一)机构管理部门重叠,行政管理人员众多

目前我国的高校还是遵循不同行政级别的原则,同一所高校内也存在着副部级至科员的不同行政级别。机构管理部门越来越多,细分严重,食堂、医院、公寓、超市等机构仍然纳入在学校管理机构中,机构重叠、膨胀,而且行政管理人员只增不减,管理混乱,决策权力逐级分散,办事效率低下。一项简单的事情有可能涉及多个部门,部门之间的权责不清晰,行政权力泛化,实际的工作内容划分相对模糊,而行政部门之间又缺乏相互配合和有效的协作机制,极大地浪费了人力物力,降低了行政效率,拖慢了高校的发展步伐。

(二)管理思路陈旧呆板,缺乏创新

目前,高校行政管理在很多方面还保持着过去的老办法、老思路,已经越来越不能适应我国高等教育事业迅速发展的需要。重机构、重权力、重章法而忽视人才的怪现象屡见不鲜,领导不表态,宁愿死守规定也不突破,人

的主观能动性受到限制，人们容易产生墨守成规、不思进取的思想。同时，行政组织的基层却接受较多的指令，繁忙的日常事务往往使得基层行政人员没有时间和精力去思考、研究，这样落后的管理方式当然会降低组织的效率和管理质量，影响高校整体目标的实现。

（三）行政管理人员的综合素质有待提高

高校行政管理工作一直是辅助性的工作，随着高校教学、科研地位的逐渐提升，行政管理人员的待遇逐渐降低，高学历、能力强的人员愿做管理工作。当前高校行政管理人员队伍的综合素质也普遍偏低，大部分没有经过系统的培训，学校给行政人员提供的在职培训的机会也不是很多，种种原因导致了高校行政管理人员的综合素质不高。

（四）管理目标不明确，管理理念落后

高校行政管理应当以为全校师生服务，保证教学、科研工作的正常运作，促进高校教育的发展为最终目标。但是很多行政管理人员的服务意识相当缺乏，一些人不重视自己的本职工作，消极被动，一些人工作态度散漫、工作效率低，一些人以权谋私，工作作风败坏。这些行文办事不是从群众的角度出发的人员，严重影响了高校的和谐发展。

（五）行政权力挤占学术权力的现象严重

目前高校行政权力的泛化导致学术权力萎缩，行政权力挤占学术权力的现象比较普遍。包括学术资源在内的所有学校资源，都处于各个行政机构和其组织成员的掌控之下，没有行政支持，学术活动就不能正常进行，合理的教学意见就无法有效地被采纳等现象在各大高校相继出现。行政权力的膨胀，相对弱化了学术权力，使得学术权力无法发挥应有的作用，影响了学术的创新和发展。

第二节　高校行政改革的必要性、依据和影响因素

一、高校行政改革的必要性

（一）高校提高自主办学能力的需要

我国目前的高等教育行政管理体制受以前的计划经济体制的影响较大，在进行行政管理时，任何事物，不论大小，都要接受统一的管理，长此以往，就会严重限制高校办学的自主性。因为长期依赖于政府的管理、领导，甚至

是学校发展方针的制定和资金的使用,高校因为由国家指导,所以不用对自身的发展投入太大的精力,对学校办学质量的关注度也会降低。为了提高高校的自主办学能力,使其得到更好的发展,就需要对高等教育行政管理体制进行改革,划清权限范围,给予学校适当的办学自主权。

(二)高校培养浓厚学术氛围的需要

高校本身就是为国家培养人才,进行学术研究、科学发明的地方,但是由于我国高等教育的行政管理体制与国家的行政管理体制存在一致性,我国高等院校内的官僚气息重,专家学者在进行科研,学生在学习时,总会受到这些不良气息的影响,高校内的学术氛围难以营造,或者不够浓厚,使得高校的办学目的受到扭曲。为了保证高校办学的纯洁性,为国家输送更高质量的人才,就需要对现在的高等教育行政管理体制进行改革,清除这些不正之风,营造浓厚的学术氛围。

(三)高校适应市场经济发展的需要

市场经济的需求,随着时间的推移不断发生变化,高校只有具备对市场变化的适应能力,才能够得以立足和稳定发展。但是我国高等教育行政管理体制中由于长期受到中央集权管理模式的影响,不具备自主及时调整的能力。为了使高校能够适应市场经济的发展,就要对高等教育行政管理体制进行改革,对其提供帮助,为我国高等教育市场化的发展提供良好的发展空间和支持。

二、我国高校行政管理体制改革的依据

以发展为主题,以结构调整为主线,以政府部门放权和管理体制创新为动力,以提高办学质量为出发点是当下高等教育改革的主要特征。高等教育体制和运行机制正从适应计划经济转变为适应市场经济,资源配置正从政府主导型的计划配置转变为政府在宏观指导下让市场发挥调节作用;教育政策越来越体现公平与效率的统一;人才培养规格和模式日益多样化;教育在促进思想道德观念更新、社会进步方面的作用越来越大。建立现代大学制度是当前高等教育改革深化的必然要求,也是内部改革的外在动因。

随着高等教育改革重心的逐步下移,高等学校本身在改革中的地位已经越来越重要。发达国家的历史经验也表明,教育的改革必定经历一个从系统的、宏观的层面转向学校层面的过程。这种转向是高等教育本身的使命和功能决定的,因为人的培养毕竟是由学校承担的。随着高校办学自主权的落实,高校的办学规模普遍在扩大,内部管理活动的独立性和重要性也日益显现。

高校在许多方面的权力越来越大。如学校的发展计划和目标的制定与落实；学校财政和资源的自主筹措、运作和分配；办学质量的控制；体制的创新与发展；公共关系的开拓与发展；教职员工与学生的沟通；围绕办学工作的管理与服务等重大问题上。革除高校内部的种种不适应症，建立起具有自我发展、自我约束、精简高效的内部运行机制是建立现代大学制度的微观基础，也是内部管理体制改革的目标。这是来自高校内部的直接动因。

大学作为学术性的文化机构，具有组织的一般特点，又在管理制度和管理模式上有其鲜明而复杂的特征。由于学术活动的"自然模糊性"特点，大学的组织目标很难设定得具体、明确。大学也很难像一般社会组织一样严格按照理性管理原则去实现效率的最大化。这种模糊特征决定了大学的管理是追求建立一个有效率的、灵活的创新型管理制度和运行机制。这种模糊特征也表明做好大学的管理工作是相当有难度的。作为规模庞大、职能众多的知识型组织，大学的事务正变得越来越复杂。现代信息技术的发展，又极大地改变了学校管理的职能和模式。大学的管理职能已经由"传统性学术田园的守望者"转变为"创新性企业型大学的开拓者"，管理在大学的生存与发展中的作用越来越重要。加强管理，向管理要效率、要质量、要效益是高校生存发展的根本大计。

三、高校行政改革的因素分析

（一）高校外部行政管理体制改革因素分析

①国家政治体制和行政体制改革的深入推进和发展，对高等教育行政管理体制改革提出了客观要求。我国政治体制改革本质上是我国社会主义政治制度的自我完善和发展。我国政治体制和行政体制改革的内容主要表现为，完善党的领导机制，实行党政分开，促进党的领导与行政管理的协调统一；强调行政管理权力要进一步下放到地方政府，加强地方政府在区域社会发展与经济建设过程中的主体作用；解决行政效率低下的问题，消除臃肿的机构设置，精简各级行政机构，增强行政效率。通过这些方面的改革，促进社会主义物质文明和精神文明建设，扩大社会主义民主，巩固人民民主专政，维护安定团结的政治局面。社会主义政治体制和行政体制的发展变化是我国高等教育管理体制和运行机制改革最为深刻的社会动因，为我国高等教育的体制改革和高等教育行政管理职能的转换创造了有利的条件。

②市场经济体制的深入发展和不断完善要求高等教育管理体制应进行相应的改革和调整。在社会主义市场经济体制下，多种经济成分的并存和发展，

正冲击着学校办学主体的单一化格局及相应的管理模式。经济主体的多元化，排斥着高度集中的教育决策行为，要求决策主体在决策权上明确划分。随着包括劳动力市场、资金市场、信息市场等在内的市场体系的健全，市场的多变性、竞争性、开放性及信息网络性的特点，日益要求学校面向社会独立自主办学，要求教育行政部门的宏观调控要有合理的依据。

③加入WTO和高等教育的国际化要求高等教育行政管理体制进行改革。加入WTO标志着我国改革开放进入了一个新的历史阶段。中国在教育服务方面的承诺对高等教育行政管理体制改革的影响极为深刻。世界各国的高等教育管理体制和管理模式，势必对我国的高等教育管理体制和管理模式造成冲击。据此，学校办学自主权、高等教育理念、人才培养模式、学科专业设置、教学内容和课程体系、学生构成成分、教育经费筹措方式等将在不断的对外开放中发生重大变革，同时，政府的教育管理行为要符合WTO有关条款的要求；教育政策法规的制定和执行将会更加公开、透明。

④高等学校通过近些年的调整、合并，学校规模不断扩大，对管理提出了更高的要求。众所周知，管理不是无限的管理，它的作用对象总是有限的，总有一定的范围，管理对象如果超出了这个范围，就会对管理的效益和效率产生影响，造成管理的低效益、低效率，甚至造成管理混乱、无序、无效。目前，高校的数量庞大、规模庞大，再加上老体制的遗留问题，使得高校管理事务庞杂，而市场经济对高校的影响越来越大，高校的招生、就业、后勤社会化、人事制度改革、融资渠道变化等，越来越受到市场、社会的影响，政府对此管理起来变得越来越力不从心，不能灵敏地把握市场对高等学校的新需求，也不能完全满足高校的发展需求。因此，必须及时地对传统的行政管理体制进行改革和创新。

（二）高校内部行政管理体制改革因素分析

1. 提高高校管理效率和效益的需要

目前我国高等教育行政管理体制缺乏科学性、民主性，对办学效率和效益缺乏一套科学的评价、激励、监督和约束机制，仍然习惯于计划经济条件下的思维模式，政治思想比较突出，习惯于以社会效益为借口掩盖投入产出之间的矛盾和弊端，忽视资金的使用效率。在项目建设投入上，重视项目的审批，缺乏相应的科学、民主的决策体制，轻视项目建设的过程管理和结果管理，在许多项目建设上造成了低效益，浪费了资源，加大了成本。这些都要求理顺行政管理体制，改革与现实状况不相适应的管理制度和办法，从而提高办学效益，更好地为社会发展提供更多的人力资源和知识支撑。

2. 高校发展的内在需要

中国的高等教育正处在重要的转型期。这种转型既是适应国内经济、社会发展的需要，又是中国高等教育本身的一种创新；既是高等教育外部关系的一次调整，又是高等教育内部的一次改革。在新形势下，一些传统因素束缚了高校的深入发展，如办学体制问题、投融资问题、人事管理问题、分配制度问题、保障制度问题等，如何面对新的机遇和挑战，在管理办法上有所创新和突破，是所有高校都在深思和必须回答的重大问题。高校要发展，要壮大，就必须要大胆突破传统的管理理念和制度，积极学习借鉴和创新性地吸收发达国家的高校管理经验和做法，对不合时宜的管理制度进行大胆的改革和创新，积极探索一些适合自身发展的新机制、新措施，不断推进学校的健康发展。

3. 稳定教师队伍，提高教师素质的需要

学校要建成世界一流大学，必须要有一流的师资队伍。基于这样一种逻辑，学校当然要首先建设师资队伍。这也是当前许多高校进行校内管理制度改革的基本逻辑起点。

要建设一流的大学，不仅要有一流的师资队伍，还要有一流的管理。如果仅仅有一流的师资，而管理落后，必然产生管理的低效能，直接影响并限制教师才能的发挥，最终也难以拥有一流的师资队伍。当前，一些高校的教训就深刻说明了这一点，这也是一些人在一个单位体现不出自身的价值，而到了另一个单位却成为座上宾，一些人才在国内才能得不到发挥，一旦到了国外，才能便得到充分发挥的原因所在。

因此，从某种意义上讲，学校的管理至关重要。基于此，要建设一流的大学，拥有一流的师资，必须建设一流的管理，使管理真正为教学、科研服务，为教学、科研保驾护航，使教师科研人员真正对学校产生归属感，安心进行教学和科研，从而为学校的发展奠定基础。

4. 遵循教育规律，还权学术的需要

高校是一种社会机构，任何机构的运行都需要一定的权力资源作为支撑，并按照一定的规则来进行管理。但高校与一般社会机构的不同之处在于，它是学术性的组织，教学、科研工作是中心工作，其管理也必须按照学术性组织的特点与规律来运作。具体来说，高校必须按照教育规律来培养人才，按照科研规律来开展科研工作，在社会服务方面也必须遵循教育和知识的价值规律。这就要求从事学术研究的人必须具有相应的学术权力，在相应的决策活动中具有相应的决策权，而管理是为其服务的。但实际操作中不应该反过

来，处处是管理部门颐指气使，行政当道。自改革开放以来，学术权力开始受到关注。一些学校先后组建了学术委员会等机构，但是学术权力仍然非常有限，是在行政权力之下，执行有限的学术权力。比如，大学教师的职称评审工作，评审条例等都由行政部门制定，评审委员会也由行政管理部门组成，评审委员会上面还有由学校党委书记、校长、人事处长等人组成的评审领导小组。学术委员会通过的事情，行政部门不一定批准，而学术委员会通不过的，却可以通过行政审批。评审机构通过向各评审单位下指标、定标准，严格控制评审活动的开展，导致评审工作就是不断地填表和发表文章，以致有人戏称大学教师为"填表教授""填表专家"。更可怕的是，由于这样的制度安排直接决定一个人的命运，我国许多高校的学术评价机制扭曲，学术行政化，直接影响了教师的工作积极性和有价值的学术成果的产生。因此，在当前形势下，必须改革以前不合理的行政权力和学术权力配置模式，还权于学术，给予学术相应的独立的发展空间，发挥教师开展教学、科研的积极性和创造性，使他们将主要精力和黄金时间用在教学、科研上，以产生更多的教学、科研成果，服务社会。

第三节　高校行政改革的目标与方向

加速推进和全面深化我国现行的高校管理体制改革，既是当前我们所面临的一件十分重要且紧迫的任务，又是一项异常复杂和艰巨的工作。我国现行的高校管理体制与我们所设计和选择的改革目标模式之间，还存在着相当大的距离。深化我国高校管理体制改革的目的在于更好地适应正在不断变革的社会经济环境，同时，也只有不断地改变各种相关的社会经济条件和环境，才能进一步深化高校管理体制改革。从当前我国各项改革的实际进程和状况来看，在实现新旧体制转轨转型的过程中，我们依然面临着一系列的改革难题和障碍，只有排除这些改革障碍，解决这些难题，才能实现既定的改革目标。

一、高校行政改革的目标

（一）切实实行党政分开，明确各自职责，加快学校领导干部的任命机制改革

改革高校领导单一的委任制，全面实行聘任制，实行任期制。改革是基于这样一个事实，即学校不是一级政府，学校领导不是官，学校的运作必须

遵循教育教学规律，不同于政府的运作逻辑和运作轨迹。如果把行政委任制照搬到学校，走行政逻辑之路，很容易冲击学校正常的教育教学规律，挫伤教职员工的积极性。从某种意义上讲，一个校长就是一所学校的代表，一所好的学校，必须要有好的校长。好的校长不是上级政府委任出来的。克林顿从总统位置上一下来后，先是想去竞争哈佛校长，后又有意去牛津当校长，但都被拒绝了。正如哈佛的解释，像克林顿这样的政治精英，可以领导一个超级大国，但不一定能领导好一所大学。这是两回事。在实行聘任制的过程中，要建立相应的约束机制，选拔过程要公开，由教师代表大会、工会代表大会、教授委员会等组成考察委员会负责选拔与监督，要举行一定范围的公开答辩，接受教职员工的质询。

（二）理顺学校内部学术权力与行政权力的关系

淡化行政级别观念，重视学术权力。建立教授委员会等组织，广泛吸收学术人士参与决策和管理，充分发挥高等学校的学术权力在决策管理中的作用。学术权力和行政权力在高校中都有其存在的必要性和局限性，两种权力不能互相替代或以一种权力掩盖另一种权力。但从我国目前的高校现状来看，学术权力应处于主导地位。这不仅是因为在现行的高校结构中，行政权力居于主导地位，甚至还有掩盖学术权力的趋向，更重要的是，高校的教学、科研和社会服务，都是具有独立性和创造性特点的知识活动，并且基本上是以学科为基地展开的，只有从事这些活动的专家对于这些事物才有最权威的发言权。当然，提倡以学术权力为主导并不是抹杀行政权力的作用，两者的有效整合是处理权力结构的关键。

（三）转变管理理念，树立经营学校的理念

一切改革，必须观念先行，没有观念的转变，就不可能有行动的解放。在社会大转型和大变革的时代，高校必须及时调整自己的办学理念和管理理念，积极吸收借鉴先进经验，创新自己的管理思想。高校不再是封闭的象牙塔，与社会日渐紧密的联系使得高校社会化的进程加快。高校投融资体制的转变，社会化办学的冲击，高等教育产业的日渐深入发展，都迫切需要高校遵循教育发展规律和市场发展规律，以经营学校的理念来指导学校的管理工作，不断增强自己的办学实力，从而更好地为教学、科研服务。

（四）加快高校管理职能调整和机构改革进程

以前高校的管理主要是一种行政管理，是一种大管理和单一管理，管高校所有师生员工的吃喝拉撒睡，事无巨细。在知识经济时代，知识已经不再是间接地影响经济,而是直接参与经济活动,已经成为经济生活的一部分,知识的作用不仅可以通过掌握知识的劳动者体现出来,还可以直接变成财富,即实现知识的物化,一些国家机关、企业、团体等在高校建立研究中心,不少高校也相继创立和发展科技园,这导致高校的管理对象复杂化,管理内容多样化,管理需求多元化。在这样的新情况面前,高校要及时调整自己的管理职能,明确哪些是自己必须管的,哪些是不必管的,哪些是可以委托管理的,从而把学校的主要精力放在学校的发展大局上,并根据自己职能的变化,适时进行相应的管理机构改革,提高管理效益和效率。

（五）加强高校人事分配制度改革

现在都讲核心竞争力,核心、竞争力这两个概念来自最新的企业管理理念,企业的竞争不仅是产品的竞争,还表现为企业群体内部群体创新能力的竞争,是人才的竞争。大学的核心竞争力在于师资,而管理,则可以充分释放师资的潜能。传统的人事分配制度平均主义严重,大锅饭倾向突出,不利于人才才能的发挥。要通过人事分配制度改革,引进竞争机制,实现人才的合理分流与利益的合理分配,提高教职员工待遇。充分调动广大教职员工的积极性,使其充分发挥他们的聪明才智,形成强大的学校竞争力。在改革中,改革以前认为的人事制度改革就是让人下岗、分流的简单做法,要结合中国的实际和中国高校的特殊情况和特殊地位,实行科学、合理的改革方法,可以减员增效,也可以增员增效,不能把一切负担推向社会。

总之,人事分配制度改革是我国高等教育行政管理体制改革过程中所面临的又一个重大难题,它必然会遇到较大的改革阻力,需要我们在制订政策的过程中,走科学化、民主化、理论联系实际之路,积极、稳妥、有序地推进改革。

（六）建立和完善高校保障制度

根据我们所选择的高等教育行政管理体制改革的目标模式,必然要实行机构的大调整、大转向和大裁员。除了极少数机构与人员应还政于政之外,其他大量的人员应分流;在实现政校分开、校企分开之后,事业人员分流到企业,这也就意味着个人身份的转变及相应待遇的改变。显然,传统观念与既得利益等因素,无疑将成为实现机构调整和人员分流的严重障碍。因此,必须加速我国现行的干部人事制度、住宅制度、户籍管理制度及其他相关的配套制度改革,尤其是要加速建立和完善新的社会保障制度,这是实现高校人员分流的基本保证。我国现行的社会保障制度是适应计划经济体制要求建立起来的,带有供给制的色彩,覆盖面窄,社会化程度低,保障功能差，管理体制混乱。就高校来说，基本上完全与行政单位一样，由人事部门履行养老保险职能，由卫生部门履行医疗保险职能，所有这些保险制度实际上是通过有关人员所在的单位来实现的，造成了事实上的单位保险制。在这种传统的社会保障制度下，一个人一旦离开了所在"单位"，就会失去相应的社会保险待遇，这无疑是实现高校人员分流的一大主要障碍。笔者认为，在进一步深化事业体制改革的过程中，可以采取一种新的改革思路，即根据中国干部人事制度的实际情况，在承认和保留现有事业单位人员身份及相应待遇的基础上，先将用于社会保险的经费单列出来，并设立相应的社会保障机构负责集中管理，将其与原来的事业单位的其他经费脱钩，逐步剥离事业单位的社会保障功能，逐步实现社会保障的社会化。这样既可以有效地减轻事业单位的沉重负担，又可以改变社会保障单位化、部门化的严重弊端。从长远看，分离公共事业经费预算与社会保障经费预算，建立现代化和多元化的社会保障体系，是建立社会主义市场经济体制的一项基本内容。

（七）建立完善高校内部评价体系和考核制度

目前，高校内部的管理评价考核体系（包括干部评价体系、员工评价体系、学术评价体系等）比较僵化和落后，对人才的成长发展产生了一些误导和不良影响。目前，中国科学院正在试行职称评定改革，在社会上引起了很大反响，政府机关也在试行一些新的考核制度和办法，如问责制的建立和落实。高校要在这样一种大背景下，积极思索和创新自己的评价考核体系，主动迎接已经到来和即将到来的挑战，大力改革高等学校的教师评定考核与奖惩制度，使之能有效地调动教职员工工作的积极性，在高校形成一种良性的运行规律，促进高校整体发展。

（八）加快高校管理方式和管理手段的转变

在高校管理对象复杂化、管理内容多样化、管理需求多元化的今天，高校要积极创新传统管理模式，引入市场管理理念和手段。要加强自身与社会的联系，尽快建立与完善高等学校与社会相互合作的有效机制。完善中介组织，发挥中介组织的作用。在当今社会中，必须依靠各种中介组织的各种功能，如桥梁作用、缓冲作用、服务作用、监督作用、资源配置作用来降低交易成本。

（九）完善高等学校内部的各项规章制度和加强组织建设

制订完善大学章程，组建教代会、工代会、教授委员会等学术组织和职工权益组织，并切实赋予相应职权，让其充分发挥作用，在重大问题上能够起决定作用。高校要加强对各系统及各组织行为的有效规范，特别是在自主权不断扩大的过程中，需要尽快建立完善的自我约束机制，在政府的宏观管理下，自身能够实现有效的管理和运行，保证各项职能充分协调地发挥。在建立相应约束机制后，规范比较健全的情况下，一些管理领域可逐步向管理工作专业化、职业化方向发展。如后勤服务工作、学生管理工作、科技服务工作等。

二、高校行政改革的方向

（一）借助宏观调控推动高校自主办学

国家在这方面也做出了许多大胆的尝试，比如政府批准企业能够和高校一起联合办学；政府还扩大了高校自主办学的权利等。虽然高校的自主性和能力在不断地得到开发，但是有很多事情是学校控制不好的，这时就需要政府进行辅助帮忙。学校和政府之间要不断地协调和磨合，逐渐明确各自的职权范围，明确政府和高等院校之间的关系，高校要借助政府宏观调控的力量，推动自主办学能力的提高。

（二）破除不正之风，营造浓厚的学术氛围

只有淡化高校内部的官僚之风，增强和加大对学术的重视程度和投入力度，才能够促使学者投身于学术的研究和人才的培养之中，完成高校的任务。

①高校行政管理人员需要改变工作理念，认清自己所在职位的职务究竟是什么，自己需要做什么工作，理解高等教育的宗旨和目的是什么，而不是浑浑噩噩，以为自己在行政管理的位置，就可以依靠这个职位随便行事，为自己谋取利益。

②除此之外，要有相对应的法律和制度规范，对领导机制以及行政管理体制的实行、行政管理人员的管理工作进行监督，以保证行政管理工作的正常运行，避免行政管理工作中对权力的滥用。

③最重要的就是加大和增强对学术的投入力度和重视程度，把学术权力放在中心的位置，引导资深的学者参与学校的行政管理，实现重视学术的良性循环。

（三）配套相关制度，推动管理体制改革

高等教育行政管理体制的改革，只有放在良好的社会环境下才能够正常

的进行并取得成果,如果没有良好的改革环境,就会使行政管理体制改革的难度加大,改革受阻。

因此,首先必须要做到国家法律法规的大力支持,从国家的角度为高等教育行政管理体制的改革提供支持,在国家的范围内为改革提供保障;除此之外,在高校内部,也要根据国家的要求,结合本院校的实际情况,建立合理的行政管理体制,以及与之配套的监督机制、奖惩机制和检查机制,实现高校内部规定与国家法律制度的一致。

第四节 高校行政改革的意义与措施

一、高校行政改革的意义

（一）适应新的社会形势的需要

作为知识创新和高层次人才培养的重要基地,高校的社会地位在不断提升,社会影响力在不断扩大。高等教育事业迅猛发展,高校间的竞争也就随之异常激烈,在我国持续发展的今天,面对新的形势和要求,管理的改革和创新已经被各大高校提上日程,而行政管理作为配置高校教学资源、人力资源等诸多有形、无形资源的核心,其改革和创新更是首当其冲。高校只有切实转变观念,更新手段,不断推进行政管理体制的改革和创新,才能适应新的社会形势,才能满足新时期发展的需要。

（二）保证高校的改革发展顺利进行的需要

高等教育行政管理体制对高校的改革发展具有保障、协调、参谋、激励等作用。高校日常运转的方方面面,若是出现纰漏,很有可能关系到高校的全局工作,影响高校的改革发展。行政管理的作用就是通过服务,处理好不同部门之间的关系,通过建立完善的监督检查机制,针对不同部门和个人制订不同的督办要求,督促高校内部各个部门认真、及时完成任务,并积极向有关部门提出发展意见,促进高校各项工作的顺利进行。

（三）高等教育改革深入的必然要求

高等教育改革的深入也带来了不少新问题,行政管理作为高校建设的软环境,必须担负起其对教育改革顺利完成的一份责任。高校基础设施建设、师资建设、学科建设、教学改革、人才培养等各个方面,怎样扬长避短,发挥优势,是高校行政管理需要把握的方向性问题。高校若要提高办学效益,就要加强行政管理,对管理理念、技能和手段等均进行创新,实施科学的管理。

(四)高校正常运营的需要

虽然相对于高校教育、科研活动而言,行政管理工作在高校中是辅助性的工作,但却是不可或缺的一部分。高校行政管理主要是协调学校的行政管理领导、具体的执行人员与高校教师及学生之间的关系,高校行政管理部门服务于教学、科研等基本工作,与高校的学术管理相辅相成,共同构成高校的内部事务。同时,高校行政管理部门还是社会各界认识高校、了解高校的重要渠道。

二、高校行政改革的措施

(一)协调行政管理与学术管理的关系

行政管理和学术管理交织构成大学独有的管理结构,共同为大学目标的实现而服务。正是由于两个系统协调互动的需要,对二者的关系进行有针对性的协调就显得尤为重要,可以保证问题得到建设性的解决,可以提高决策的科学性、合理性,防止资源浪费、学校偏离发展目标。要协调好二者之间的关系,就必须从管理体制、组织结构设置以及制度建设着手:设置相应的机构,制定必要的工作程序,将集体管理与个人负责结合起来,依靠体制和制度使学术管理和行政管理规范化;对如经费使用决策权等权限进行严格规定和划分,提高高校中专家、学者等在学术管理中的地位,防止管理中心向行政系统偏移等现象的发生;通过审议、咨询、联席会议等方式协调两种管理之间的冲突,保证高校内部学术管理与行政管理的目标与学校的整体目标相一致;充分发挥教师在两种管理中的作用,在对教学计划、课程设置、授课内容等的安排上,教师应有自主权,在决定学科发展与走向等事务上也应占有一席之地。

(二)倡导柔性化行政管理

将柔性管理理论应用于高校行政管理,不仅能调动相关人员的积极性、主动性,还能加强行政管理者与学术人员之间的沟通与交流,促进学校管理目标的实现。倡导柔性化行政管理,第一,要树立民主的管理理念,增强师生的民主参与意识,建立并完善师生参与学校管理的各种决策和咨询机构,培养广大师生的主人翁意识和责任感,注重对人的情感感化,发挥柔性管理对内心的激励作用,促进和谐校园的建设。第二,要时刻关注广大师生的情感需求，保证情感的凝聚作用能够发挥得淋漓尽致。柔性管理以人为中心，以尊重、理解人为前提，以被管理者能够在融洽的氛围中主动学习、工作为宗旨。高校行政管理若是能够拥有这样的爱人之心，就一定能形成强大的亲和力和凝聚力。第三，加强各部门、人员之间的沟通与协作，形成向心力，消除人心涣散和人情匮乏的现象，保证高校的整体运行处在一个良好的人际关系基础之上。

（三）构建"服务型行政模式"，倡导"以人为本"

目前，越来越多的行政学者和专家认识到，在我国高等院校及党政机关内构建"服务型行政模式"是非常必要的。这就要求高校行政管理人员不仅要有较高的科学文化水平和丰富的行政管理经验，还要有较好的思想道德品质，只有这样，行政管理人员在工作中才能时刻贯彻为人民服务的宗旨，才能将学生、职工和教师的利益放在首位，才能将高校行政管理工作不断地推向新的高度。

（四）坚持科学的领导体制，规范使用行政权力

为了加强行政管理的服务职能，就必须坚持"党委领导下校长负责制"的高校领导体制。在高校内部系统中，党委领导是高校的核心，党委工作是高校全局工作的中心，只有校长切实执行党委的决定，全校的工作才能开展，高校的发展方向才能坚持。另外，需要建立和健全各项规章制度，以规章制度为高校行政管理的依据和准绳，促进管理人员依章履行职责，保证高校工作的顺利开展。

（五）优化管理方式，确保工作效率

就目前来看，我国高校行政管理工作在体制上与社会环境、教育环境产生了很大的脱节，并且不适应当前社会的发展要求，所以转变和完善我国高校行政管理方式和理念已经刻不容缓。对高校的行政管理人员来讲，更多的应该关注办学后产生的社会效果，应将之前的以传统办学条件为主的观念转变为以社会效果为主的观念。高校的行政管理工作，不能只注重表面的教学管理，还应该更加注重教学管理质量，要不断地摒弃旧的思想观念，尽快找到新的管理定位。与此同时，高校要引进内部的竞争机制，不断地优胜劣汰，根据不同的岗位来对工作人员进行考评，并采取优劳优酬的方式分配薪水和奖励，以达到优化管理方式、确保工作效率的目的。具体操作措施如下。

1. 建立考评体系，强化管理职责

在各高校的行政管理工作中，考核作为一个重要的管理机制，它是检验工作成果的重要手段。要想提高考核的质量，就要因地制宜地制定一个较为完善和全面的考核机制。各高校内部还要为考核评价的体系，创造一个公平、公正和公开的实行环境，这样才能使工作人员心服口服，也能为高校培养大量的在行政管理方面的人才。为了提升高校的整体实力，高校应在各部门积极配合的情况下，合理地合并或者撤销部分重复的部门，实现人员的优化配置。

2. 科学规划岗位，完善晋升制度

各高校在设置行政管理岗位时，首先要考虑部门的职能和工作的简易程度。此外，就是要考虑岗位与晋升的关系，高校的行政管理人员，只有在晋升的面前，才能够更好地为高校服务，发挥其主观能动性和创造性，想方设法提高自己的综合素质。只要认真地搞好岗位与晋升的关系，就可以稳定行政管理队伍，促进科学管理的快速发展。各高校还应该对相应的行政岗位进行监管，以一个明确的评判标准来对各岗位进行评判或赏罚。而这些评判的标准应该包含以下几个要素：工作目标、工作职责、工作特点、任职资格、工作权限、责任风险和核心技能等。

3. 引进激励机制，努力实现各阶层发展机会的平等

就目前高校的现状而言，可以将高校等教育行政管理体制分为两种类型，即静态型与动态型。静态型管理机制是相同的奖赏和惩罚同时运用到高校不同阶层的行政管理部门中去。而所谓的动态管理机制，就是按照一定的评判标准，对高校行政管理人员进行评判，评判标准包括工作成绩和工作效果。从定义可以看出，动态型的管理机制，能够使高校的行政管理人员的需求得到满足，还能够激发他们的主动性和创造性。各个地方的高等院校都已经在管理机制上采用了动态的管理机制。

为了有效地保障这种动态型的管理机制，就需要量化指标，还需要有一个较好的操作环境，来对高校的行政管理人员进行具体的评判。以上几点还不够，还需要为他们确立一个定性指标，把目标考核与组织评议放在一起进行评判，评判的时候需要考虑全面，要考虑高校行政管理人员的岗位职责和对岗位或高校的贡献大小等一系列因素。在评判过后，实行按劳取酬、多劳多酬和优劳优酬。运行这样的岗位激励机制，才能使高校行政管理人员中的高水平人才凸显出来。对于那些没有业绩或业绩不好的，应该给予批评和惩罚，而对于那些在行政管理岗位上长时间业绩不好或业绩不明显的人应该将

其淘汰，只有这样才能最大限度地优化组织结构。

（六）提高高校行政管理人员的素养

要进一步加强管理队伍的专业化建设，提升管理人员的素养。高校可以通过统一的院校知识培训，使行政管理人员具有一定的风险预见能力、应变能力、信息收集处理能力。另外，还可以建立行政管理人员与院校研究人员的经常性交流机制，采取论坛、讲座等方式，确保每一次交流有深度、有目标、有方向。高校在决策过程中，要吸引院校优秀研究人才参加讨论，重视他们的观点和有关设计，同时努力引导行政管理人员掌握新的服务技术，以新思路、新举措创造性地完成高校行政管理体制改革的任务。

（七）创新高校行政管理技术手段

技术创新既可以加快信息传递速度，简化管理程序，缩短管理流程，提高管理效率，又可以降低信息失真的风险，增强信息的真实性、可靠性。先进的信息技术与高校行政管理的有机结合，会使行政管理方式和思维方式都有所改变，既能为高校带来直接的经济效益，又能增强高校的社会竞争力。高校需要通过建立各种实用数据库，提高信息的共享性、流通性，为行政管理工作提供一个科学开放的信息平台。

总之，高等教育行政管理体制的改革与创新并不是一朝一夕就能完成的，它是一项复杂且艰巨的任务。因此，推行行政管理体制的改革与创新，必须树立正确的工作目标，并长期坚持，不断思考研究，深入实践，只有这样才能科学有效地搞好高校的行政管理工作，推动我国高等教育事业的蓬勃发展。

第八章 高校行政改革的动力与阻力

第一节 高校行政改革的动力

高等教育行政管理体制改革的动力,大体包括外部动力和内部动力两个方面。

一、高等教育行政管理体制改革的外部动力

(一)经济体制与政治体制改革的推动

教育是教育者根据一定社会或阶级的要求,对受教育者实施的有目的有计划、有组织的培养人的社会实践活动。教育本身因其任务的特殊性而具有一定的独立性,具体表现在以下几个方面。第一,教育与社会的政治与经济的发展存在着不平衡性,或者滞后于社会的政治与经济,或者超前于社会的政治与经济。第二,教育对社会具有积极的反作用。第三,教育作为一个独立的活动形式,与其他意识形态有着相互影响的关系。教育以其培养人的独特使命而有别于其他意识形态。但是,教育思想、教育内容、教育方法却时刻摆脱不掉其他意识形态的影响;同时,教育也以其自身的独特性对其他意识形态产生积极作用,进而促进政治、哲学、伦理、科学、艺术、文学等意识形态的发展与进步。第四,教育具有自身发展的历史继承性。教育始终是在继承前人优秀文化成果的基础上不断发展和进步的。由此可见,教育具有一定的个性和独立性。但是,教育的这种独立性是相对的,社会的政治与经济对教育的决定作用却是绝对的。这是因为,社会的政治与经济不仅决定了教育的领导体制、培养目标,还规定了教育的内容。

改革理论表明,社会的变革必然引发教育的变革。马克思、恩格斯的经典论述充分体现了这一点:"物质生活的生产方式制约着整个社会生活、政治生活和精神生活的过程。""随着经济基础的变更,全部庞大的上层建筑也或慢或快地发生变革。"这些论断揭示了社会发展变化的客观规律,教育

也不例外，必须遵循这一规律。由此可见，教育变革具有客观必然性，必然随着社会关系即物质关系和思想关系的变化而变化。然而，教育变革又不是孤立进行的，它是与政治经济的变革相伴而生的。我国"教育体制改革的根本目的是提高民族素质，多出人才，出好人才"。教育改革的主要内容包括教育思想的改革、教育体制的改革、教育内容与方法手段的改革等，其中教育体制改革是重点内容。

我们不难发现，经济体制与政治体制的改革必然会影响并决定着教育体制的改革。伴随着中国社会主义市场经济体制的形成与发展以及政治体制的改革，政府的职能和作用正在重新定位。这也引发了教育体制特别是教育管理体制前所未有的变革。在培养高精尖人才的高等教育领域更是发生了一系列重大变革。高等教育管理体制的变革是多方面的，具体表现为行政体制、办学体制、投资体制、招生体制、就业体制、内部管理体制等方面的变革。其中一个重要的方面就是高等教育行政管理体制的变革。在高等教育管理体制变革的诸方面中，高等教育行政管理体制变革的意义更为重大。它关涉政府职能转变、中央政府与地方政府的关系、政府与大学的关系等问题。

（二）国外高等教育行政管理体制改革的影响

1. 正确定位，整体优化

正确定位，整体优化是国外高校进行行政管理体制改革的主要手段。正确定位是高等教育行政管理体制改革取得成功的前提。我国高校受历史发展的影响，基本上形成了由中央与省级人民政府分别主管的部属院校和省属院校两种类型；由于发展水平与学科门类各异，又形成了研究型大学、研究教学型大学和教学型大学三种类型。正是由于存在管理体制上与学术水平上的差异，实行分级、分类发展战略就显得十分必要。因此，明确各类学校的发展战略定位至关重要。正确定位包含了两方面含义：一是要充分认识高等教育管理体制改革对整个高等教育改革与发展的意义；二是要改变就事论事的错误观念，将高等教育行政管理体制改革，同当代我国社会的变革与发展的大环境联系起来。整体优化是高等教育行政管理体制改革所必须遵循的基本原则。我国高等教育行政管理体制改革，必须将各级各类高等教育行政管理系统视为一个有机的整体，积极建立适合市场经济环境的、有利于高等教育发展的新型行政管理制度和运行机制。

2. 协调政府与大学的关系

协调政府与大学的关系应作为高等教育行政管理体制改革的主要内容。

政府与大学的关系是划分高等教育行政管理体制类型的主要依据，调整两者的关系是目前国外高等教育行政管理体制改革的基本内容之一。目前我国正在着力扩大高校办学自主权。高校办学自主权是指高等学校在国家法律允许的范围内，依法自主决定学校各方面的事务，实际上这也给高校指定了一个严格的活动范围。但从国外的相关经验来看，协调政府与大学的关系，必须关注以下三个问题：一是在政府与大学之间建立缓冲地带，扩大双方活动的余地使双方都能发挥各自的优势；二是改变政府教育行政部门的职能，从直接管理变为引导、帮助、协调和监督，在有限度的前提下发展大学的自主性和责任性；三是完善政府调控的方式，充分利用行政命令以外的各种方式协调高等教育的发展。

3. 加强立法，责权明确

法制建设是高等教育行政管理体制改革的工作重点。无论实施何种高等教育行政管理模式与体制，大多数国家均强调严格依法治教，使高等教育行政管理规范化。如在日本，高等教育立法数量多，内容全面具体，因此，争议不多，易于执行；在法国，高等教育立法全面，且是全国各地各校都必须执行的，因此，全国性的主张和要求便于推行；美国更是注重通过立法手段对高等教育进行宏观调控。借鉴发达国家的经验，我国的高等教育法制建设首先应该加强高等教育的立法工作，颁发落实高等教育法规条例，进一步明确各类高校与各级政府的关系，扫除一切影响高校快速发展的体制性障碍，并建立高校接受社会监督和有效自律的机制。其次，要提高高等教育执法力度，同时也要加强高校优秀管理团队的建设，逐渐形成一支优秀的、职业化的管理队伍，以此促进高校战略目标的实现。最后，要加强普法宣传，增强教育工作者和其他公民的法律意识，使高等教育法制建设真正落到实处。

纵观世界各国对高等教育行政管理体制所实施的改革和探索，基本上是沿着"崇尚民主—追求科学—合理分权—实现专业化"的轨迹和方向进行的，目的在于寻求适合本国国情的高等教育行政管理体制，以推动本国高等教育事业的改革和发展。上述分析使我们认识到，国外高等教育行政管理体制改革，为我国高等教育行政管理体制改革提供了有益的经验，并成为我国高等教育行政管理体制改革的重要外部动因之一。

二、高等教育行政管理体制改革的内部动力

（一）根除传统的高等教育行政管理体制之流弊的需要

传统的高等教育行政管理体制的流弊重重，主要表现在以下几方面。第

一,中央主管部门的权力过分集中,统得过死,这既使得高等学校缺乏办学自主权,无法主动适应经济建设和社会发展的需要,又不利于充分发挥地方办学的积极性。第二,单一的国家举办体制包得过多,国家难以提供高等教育发展所需要的全部经费,又不能发挥社会各方面投资办学的积极性,严重影响了高等教育的进一步发展。第三,中央各业务部门分别直接管理大批高等学校,致使学校各部门自成体系,单科性院校过多,办学效益差,办学结构不合理。虽然政府自1992年开始着手实施高等教育行政管理体制的改革,但是体制的许多弊端仍未彻底根除,有待于深入消解。

(二)遵循高等教育自身发展规律的客观要求

进行高等教育行政管理体制改革,也是高等学校的办学任务和办学规律所提出的要求。高等学校服务于经济建设这个中心任务,主要是通过培养专门人才和开展科学研究来实现的。高等学校的教学和科学研究,专业性、学术性很强,有其自身的规律和特点,只有教师和研究人员最清楚该如何办,如何才能取得最好的效果和价值。赋予高等学校办学自主权,有利于教师和研究人员按照高等教育自身的规律和特点办事。由此可见,高等学校有自身的相对独立性,政府在对高等教育行使管理权时,应该尊重高等教育的发展规律,努力营造良好的制度环境,进而实现对高等教育的宏观调控。

(三)提高我国高等教育竞争力的需要

当今世界各国竞争的实质是,以经济和科技为基础的综合国力的较量。科技是第一生产力,经济发展关键靠科技,而科技开发与应用则需要大批优秀的专门人才,人才的培养必然离不开教育。所以,一个国家经济和科技实力的高低,很大程度上依赖于教育水平的高低,特别是高等教育在其中起着举足轻重的作用。而且,21世纪的人类社会已迈入"知识经济"时代,一国的发展更加依赖于大量优秀的人才,人才培养与储备已经成为国家的战略问题。这也要求一个国家必须有高质量的教育,特别是能在国际上领先的高等教育。我国多年来推行的高等教育行政管理体制,显然已经难以应对国际竞争的需要。尤其是我国已经加入WTO,这更要求我们尽快摆脱传统高等教育行政管理体制的束缚,提升高等教育质量,加快人才培养。

(四)高等学校内部管理体制改革的推动

为适应市场经济的要求,自20世纪80年代中期开始,我国对高等教育体制进行了改革,目前已经取得了历史性的进展,为高等教育主动适应经济和社会的发展创造了条件。然而,在充分肯定高等教育体制改革取得巨大成绩的同时，还应当看到，与我国社会的经济体制改革相比，高等教育体制改革的步伐还比较缓慢，高等教育市场还存在很多问题，特别是关涉高等教育行政管理体制的改革举步维艰。究其原因，一方面是高等教育行政管理体制改革牵涉中央和地方的职责分工，关涉高等教育的结构布局；另一方面是改革涉及中央政府、地方政府、大学的权力分配以及权限范围等重大问题。

第二节　高校行政改革的阻力

改革是一种适应性变革，适应性变革会刺激人们的抵触情绪，因为它对人们现有的习惯、信仰提出了挑战。它要求人们接受失去某些东西的现实，体现了一种不确定感，甚至是表达出对人或者文化的背叛。由于变革迫使人们对周围事物提出疑问，同时它也会挑战人们对自身能力的既有认知，因此人们会感到失落、痛苦、无力。对待改革的观念应是探究而不是断言，应是鼓励沟通对话而不是禁止参与者提出不同的声音。

高等教育行政管理体制改革作为一种适应性变革，其阻力是多方面的。改革举步维艰，变革过程中存在这样那样的问题，这都是改革的重重阻力造成的，这是我国高等教育行政管理体制改革很难深化下去的症结所在。

所谓高等教育行政管理体制改革的阻力，是指在高等教育行政管理体制改革的深化过程中，人们在高等教育现状被改变的现实压力面前所表现出来的力图维持现状的一切行为。从不同的角度看，高等教育行政管理体制改革的阻力又可以分为不同的类型。

一、外部阻力与内部阻力

从改革阻力产生的领域而言，高等教育行政管理体制改革的阻力可以分为外部阻力和内部阻力。

所谓外部阻力，是指来自高等教育系统以外的一切阻力，包括来自政府部门、社会、家庭以及教育系统其他层面的阻力。

所谓内部阻力，是指高等教育系统内部的一切阻力，包括高等教育行政管理者与高校领导者的素质及高等教育观念、高等教育制度环境、高等教育投入，等等。

由此可见，改革的阻力是多方面的，这是由改革涉及的利益集团较多决定的。正如国外学者所言，"与教育改革密切相关的利益集团主要包括学生及其家长、教育者（包括教师及学校行政管理人员）、知识产业和其他利益集团（工商界），以及国家或政府（包括中央及地方政府部门的教育行政人员）"。

纵观我国高等教育行政管理体制改革的内外部阻力，外部阻力中来自政府部门的阻力表现突出。而内部阻力中，高等教育行政管理者与高校领导者的素质及高等教育观念以及高等教育制度环境等因素则是主要阻力。

首先，政府部门特别是政府教育部门的行政人员，是高等教育行政管理体制改革的政策制定者和执行者。改革一旦深入，势必引起相关利益关系的变化，致使改革深入受阻。其次，高等学校教师目前的专业水平也阻碍了我国高等教育行政管理体制改革的深化。国外学者的研究表明，"如果专业地位是为这样一些职业所保留的：存在一个专业上公认的关于成就的知识团体；专业准入和工作成就的评价是由专业同行控制的，专业行为的决定是由同事之间的互动和专业团体的自主判断做出的。那么，教学工作在目前的确还不足以成为真正的专业"。目前，我国高校教师也面临着此类状况，从而影响了我国高校教师专业化水平的提高，而这也是教师专业化研究成为我国学术研究热点的原因之一。最后，高等教育行政管理的制度环境尚待完善。制度是人类活动环境的重要构成部分。在某种意义上，环境是通过制度而整合起来并对组织产生影响的。国外学者的研究表明："教师和校长关于教育过程、劳动分工、教育政策、学生行为等的观念，很少受到他们工作于其中的具体学校的影响，更多的是受制度的影响。"当前，与我国高等教育行政管理体制改革政策的落实相匹配的制度环境亟待建设。而高等教育行政管理制度的优劣，决定着我国高等教育行政管理体制改革能否深入进行。

二、相对阻力与绝对阻力

从人们的利益角度而言，高等教育行政管理体制改革的阻力可以分为相对阻力和绝对阻力。

所谓相对阻力，是指社会上一部分人、一部分利益集团，在改革的过程中会受到物质或精神上的利益损失，他们为了维护自身的既得利益而抵制或反对改革所构成的阻力。

所谓绝对阻力，是指社会上每一个人都可能遭受一定的损失，从而都具有抵制教育改革的动机，其中的重要原因则是出于对教育改革会引起麻烦的考虑。

由此可以得出这样的结论，改革就是利益重新分配的过程。人们对改革持冷漠甚至抵触情绪，都是出于切身利益的考虑。正如美国学者的研究所表明的："人们反对教育改革，可能完全不是出于某种意识形态的考虑，而是出于实际利益需要。"

因此，教育改革方案作为一种即将实施的公共政策，必须在设计制定之初就充分考虑利益调整与冲突带来的可接受性问题，以及方案实施所需的条件是否具有充分的可行性。可接受性与可行性是赋予改革方案生命力的关键所在。

三、消极阻力与积极阻力

从阻力性质而言，高等教育行政管理体制改革的阻力可以分为消极阻力和积极阻力。

所谓消极阻力，是指人们对改革的抵触情绪是在不考虑改革的进步与落后、益处与危害的条件下发生的，它源于传统观念的束缚与保守惯性的影响。

所谓积极阻力，是指人们针对改革过程中出现的问题而表现出的不满情绪或反对意见，这种阻力对改革能否朝着良性方向发展至关重要。

具体而言，教育改革的阻力是不可避免的。尽管改革的阻力表面上看常常表现为消极的和保守的，然而，它却具有积极意义和价值。任何一场教育改革都必须认真理解阻力问题，并分析其性质而加以区别对待，从而有效解决改革中的问题，实现改革的目标。因此，对改革阻力应该始终保持一种积极态度。并且，身为教育改革者，还应该正视反对意见以及反对者的利益，以便使改革方案更趋近于预期结果。

第九章 高校行政改革的对策研究

第一节 完善高等教育行政立法与执行机制

所谓立法,根据著名立法学家周旺生教授的观点,就是运用一定技术进行法的制定、修改、补充和废止的活动。高等教育立法就是指国家权力机关依照法律程序制定有关高等教育法律的活动。高等教育法规是教育法规的一个组成部分,它同其他领域(部门)的法规一起,构成了国家法规体系。

一、高等教育立法和法规修订过程中的价值取向

怀特在《公共行政学研究导论》一书中,谈到了行政与行政法的区别。他认为行政与行政法的目的不仅是不同的,有时还可能是相互冲突的。

第一,在我国高等教育的立法过程中,我们应该明确规定高等教育关系中不同主体的职责、权利和义务。高等教育系统内部包括高等教育行政管理者、高等教育机构举办者、教育机构、教育者和受教育者五大主体。在高等教育立法中应明确上述不同主体的权利、义务及活动方式,明确划分中央政府与地方政府在实施高等教育管理中的职权、权限范围。为了体现科学、民主和社会参与的原则,中央和地方两级政府及其教育行政管理部门应设立高等教育评估、审议监督机构,在高等教育机构的经费分配、招生和毕业生就业等方面发挥中介作用。

第二,高等教育法规的制定应注重实效。人们往往把侧重点放在高等教育法规内容的构建上,似乎高等教育法规内容一经确定,就意味着高等教育法规体系建立了。其实这是一种错误的认识。高等教育法规能否发挥实效还要受到外在因素的制约。因此我们在高等教育法规的制定过程中,必须同时做两个方面的思考:一方面要与高等教育法规相适应,制定比较完善的高等教育法规执行与监督的制度、规范,使之形成一个运行体系;另一方面强化非制度化的法律监督形式,如社会舆论、监督、举报,等等,使外在的强制

与内在的要求结合起来,即短时效用与长时效用结合起来,这样才能使高等教育法规的执行真正落到实处。

第三,增强高等教育立法与法规修订过程的技术性。发达国家为了使高等教育法规更具权威性、科学性,日益重视立法和法规修订过程中的技术性问题,纷纷邀请法律专家和教育专家共同讨论研究高等教育立法和法规完善问题,严格规范高等教育法规的用词、逻辑及文字表达。

第四,高等教育立法应体现出意志性与高等教育客观规律性的高度统一。对于法律与规律的关系,马克思曾深刻指出:"立法者应该把自己看作一个自然科学家,他不是在创造法律,不是在发明法律,而仅仅是在表述法律,他把精神关系的内在规律表现在意识的现行法律之中。"可见,教育法应当是意志化、规范化的客观教育规律,高等教育法规也不例外。但是,这绝不是说教育法规就等于教育的客观规律,规律具有不以人们的主观意志为转移的性质,意志要能正确地反映教育客观规律,要遵循教育客观规律,而不可违反教育客观规律。因而,应该把高等教育立法看作运用高等教育规律总结经验、比较各种方案、进行价值选择的一项重大而严肃的科学研究工作。

第五,把高等教育法规的相对稳定性与深化高等教育改革的导向性有机地结合起来。高等教育法规作为一种法令不能"朝令夕改",要有相对稳定性。但我们又必须针对现阶段高等教育改革和发展中突显的新情况、新问题采取相应措施,对其进行导向性规范,充分体现高等教育改革与高等教育立法的密切关系。西方许多国家都对重大高等教育改革方案进行立法,我国也在学习这一经验。笔者认为,高等教育行政管理体制改革应采取先立法后实施的做法。

二、制定和完善高等教育法规应遵循的程序

立法程序通常指立法机关制定、修改、废止法律的程序。任何法律都必须通过一定的程序,由一定的国家机关制定为具体的法律规范,才具有法律效力,高等教育法规也是如此。

高等教育立法的基本程序包括规划、起草、征求意见、审定、发布。规划是指高等教育立法机构根据高等教育的基本法和社会对高等教育的基本需求,编制出具有指导性的高等教育立法计划。立法部门在认真研究高等教育立法计划的必要性、可行性,明确该立法项目在法律法规中的地位后,由教育立法部门承担起草工作。如果某些重要法规的内容与其他业务部门有密切联系,应由主管部门负责,组建由有关部门构成的起草小组。根据实践经验,高等教育立法起草工作中分析论证的环节最为重要,是高等教育法律法规等

起草的关键，是保证法律法规科学性的重要环节。征求意见是法规起草的中间程序。我国目前还没有完善的征询程序和规则，在程序法中征求意见制度还没有规范化。为了使行政法规的制定能体现人民的意志，应该在立法过程中充分征求和听取人民群众的意见。法律法规起草后，政府的立法机构要对法规的必要性与可行性、法规的起草程序等进行审定。立法机关审查后，写出审查报告，交给立法机关正式会议进行讨论，或交给具有审批权的行政首长审批。过去以及现行的教育法规发布过程中还存在制定程序不规范、发布形式不统一的问题，这在一定程度上降低了法规的权威性，影响了其作用的发挥。为此，应进一步完善并统一高等教育规章和地方性高等教育法规的发布形式。

三、建立高等教育法规实施的监督机制

近些年，我国在加强高等教育立法的同时，也注重贯彻落实高等教育法规。因为立法是解决"有法可依"的问题，执法则是解决"有法必依""执法必严""违法必究"的问题。为了逐步树立"有法必依、执法必严、违法必究"的观念和制度，必须建立执法过程的监督机制。

高等教育法规的监督，是指高等教育管理机关、各级各类学校、企事业单位和个人对高等教育法规的实施和遵守状况进行监控和督促。各级高等教育管理机关、各级各类学校有权对下级机关、学校以及个人执行高等教育法规的情况实施监督，对模范守法者予以支持、奖励，对执行不力者进行批评、帮助，对违反者要严肃批评乃至给予行政处罚。各高校要总结运用法律手段管理高等教育的经验，协调解决下级组织之间在实施法规过程中出现的问题，保证高等教育法规在本地区、本单位有效地贯彻落实。

高等教育法规的监督是双向的，既需要上级机关对下级机关进行监督又需要下级机关对上级机关和本单位实施法规的情况进行监督，要欢迎群众对某些单位和个人的违法乱纪行为进行检举和控告，以克服官僚主义、本位主义和不正之风等现象。在监督中还有一种执法检查，它是管理执法机关依法对相对人是否守法的事实予以强制性了解的活动。执法检查是执法的一部分，有一定的法律要求和规定。作为一种单方的、依照法定职权行使权力的执法行为，它的目的在于了解、查实当事人的守法（特别是依法履行义务）情况，故检查不但不必征得相对人同意即可强制进行，而且检查中相对人有服从和协助的义务。

四、完善我国高等教育法规应注意的主要问题

（一）科学性问题

所谓科学性是指立法过程中的理论依据和事实依据以及立法者的知识水平的渗入。纵观发达国家的高等教育立法过程，我们会发现，高等教育法规是建立在对本国教育深刻体察的基础之上的，且以法律专家、教育法律专家、高等教育专家的广泛参与为前提，他们共同斟酌法律词语，洞察高等教育现实，严肃立法程序，最终形成一个科学的方案。高等教育法规的科学性关涉其技术性和民主性的问题。科学性还关涉权威性，因为高等教育法规作为我国教育法律体系的重要组成部分，其一旦被制定就具有绝对的法律效力，就将成为人民采取高等教育行为的法律依据，因而，高等教育法规的科学性越强，其权威性、可信度就越高。

反之，其权威性就会受到威胁。因而，我国高等教育法规在修订完善过程中应加强科学性、技术性、民主性，以保证其权威性。

（二）可操作性问题

高等教育法规作为高等教育的法律依据，必须具有可操作性，即可行性。而现行的高等教育法规过于笼统，缺乏可操作性。比如，与高等教育行政管理体制改革相关的法律条文，只规定了"转变政府职能，扩大高等学校办学自主权"，至于如何使政府职能得以转变，怎样扩大高等学校办学自主权，都没有详细的法律条文。另外，了解一些法律知识就会发现，高等教育法规中并未对政府的高等教育权力加以限定。这就容易造成政府权力的膨胀，也就未能真正摆脱计划体制的困扰，从而造成了高等教育实践中政府越位管理现象比比皆是。又比如，高等学校教授数量、高等学校办学规模等具体问题都由政府决定，这是不符合市场规律的，也不利于大学之间的竞争，更不能奢谈高等教育的国际竞争力了。因此，随着高等教育外部环境的不断变化，应制定一套具有可操作性、可行性的高等教育法规体系，使我国高等教育事业真正"有法可依"。特别是与高等教育行政管理体制改革相关的部分，更需要细化和进一步研究，因为高等教育行政管理体制是高等教育的重要方面，它甚至可以对高等教育的其他方面起到导向作用。

（三）准确性问题

高等教育法规的准确性是建立在科学性与可操作性基础之上的。所谓高等教育法规的准确性，是指法律条文富于针对性和个性特征。这关涉高等教育法规的效度、信度问题。从事高等教育立法和法规修订工作的行政人员、

专业人员，由于知识结构的差异，在立法意向上可能会出现这样那样的分歧。比如，法律专家与教育专家之间的分歧、行政人员与专家之间的分歧，等等。然而立法人员之间的妥协可能会导致高等教育法规失去准确性，有时甚至会动摇法律的严肃性。因此，在立法和法规修订的过程中，必须力求准确。

（四）相对稳定性问题

法律的严肃性决定了法律必须相对稳定。一般而言，法律是建立在一定的依据基础之上的，因而，其一旦确立，就应该保持稳定性，而非"朝令夕改"。但是，法律的稳定性又不是绝对的，而是相对的。随着社会条件的变化，其也必须做相应调整和修改。因而，高等教育法规并非一成不变。1998年颁布的《中华人民共和国高等教育法》，是新中国成立以来第一部关于高等教育的专门性法律，它的出台受到当时社会历史条件的影响，其内容也反映出当时的社会背景，然而在今天看来，其中的部分条文规定已经不适应当前的社会需要了，有必要做进一步完善和修改，但这与高等教育的稳定性并不矛盾。

第二节 建立高等教育行政审计机制

高等教育审计机制是指高等教育行政管理部门的教育审计机构及其构成要素之间相互联系和作用的制约关系及其调节功能，它是一套较为具体的管理制度、程序、规范等，是保证高等教育审计系统高效、灵活运转的一个重要前提。高等教育审计机制存在于高等教育审计活动的全过程之中，并对整个高等教育经济活动起着积极的调节作用。由于高等教育审计是在高等教育经济活动的运行过程中发挥其功能的，因而高等教育审计机制又可称为高等教育审计运行机制。

一、建立高等教育审计组织机构

从新制度经济学的角度分析，有效组织是制度变迁的关键。因为在稀缺经济和竞争环境下，制度和组织的连续的交互作用是制度变迁的关键点。从国家行政部门来看，政府对高校具有经济责任。首先，高等教育具有准公共物品的属性。一方面，高等教育作为一种稀缺资源，接受教育者将会比未接受教育者得到更多的个人收益和升迁机会；另一方面，高等教育可以促进全民素质与整个社会劳动生产率的提高，具有明显的效益外溢性，高等教育完全由私人提供有失公平和效率。因此，政府公共财政就要在市场失灵的范围内发挥作用，从整个社会的利益出发，为高校提供财政支持。其次，由于计划经济体制的影响，我国高等教育长期以来是在政府集中控制和行政约束的制度环境中运行的，政府多个部门都承担了高等教育的财政重任。

沿袭我国的教育行政习惯，政府对高等教育的财政管理方式，一般是由教育部进行高等教育投资预算，再由财政部核实后向高校拨款，同时财政部和教育部还要负责高等教育财政监督工作。但由于上下级之间千丝万缕的联系以及利益上的关联，监督效果容易被人为消弭。1998年初，教育审计的管理体制和机构设置有了重大调整，国家审计机关不再直接管理教育审计。至今，全国各类公办高校、省级教育行政部门及单列市教育行政部门基本上都设置了机构，配备了专职审计人员。审计工作的职责由原来的从属国家审计逐渐演进为归属教育部直接管理。

我们也可以学习西方的公共管理经验与做法，引入高等教育中介组织即"第三方"。"第三方监督"由于来自没有利益瓜葛的"第三方"，因而监督效果更佳。基于"第三方"的中立性和公开性，引入"第三方监督机制"作为高等教育财政监督主体（如审计署），在行政隶属上独立且平行于教育部和财政部，与教育部和财政部形成了三方的权力制衡关系。建立高等教育财政预算制度、高等教育财政拨款制度和高等教育财政监督制度，形成稳定的三角框架，将高等教育财政规范起来，可以使高等教育财政制度更加稳固、高效。

二、完善高等教育审计制度

高等教育审计制度是一个体系，因而应具有系统性和配套性，它的完善是一个与时俱进的过程，不可能一蹴而就。只有加强审计制度的建设，政府才能有效监督高等教育经济活动，将高等教育经济活动中的各种不利于高等教育发展的错误行为，"止之于始前，绝之于未形"。完善高等教育审计制度应从以下几种制度着手。

（一）比较审计制度

由于高等教育的收益具有滞后性，其社会收益又难以准确计量，因此，我们很难制定出科学、合理的量化指标体系为高等教育审计工作提供统一的标准。在对高等教育进行审计时可以对不同的高等学校进行分类，即分成研究型、教学型、研究教学型和教学研究型四类。对不同种类的大学分别进行审计，并在比较的基础上制定出该类大学的审计标准；在同种类的大学之间形成竞争和相互监督的氛围，以便于审计工作的开展。而且，为提高各高校对审计工作的重视程度，可将审计结果作为大学评价指标体系的重要组成部分。

(二)效益审计制度

随着市场经济的不断发展以及高等教育国际化步伐的加快,国家对高等教育的投入不断增加。为了不断加强和改进教育资源、教育经费的管理及利用,提高教育投资的效益,高等教育经济效益审计应运而生并越来越受到重视。可以通过评价高等教育投入产出的效果来分析各个方面的经济效益。高等教育的投入包括人力资源、物力资源、财力资源三个方面。要合理地评价其经济效益,就要从人力资源效益审计、物力资源效益审计、财力资源效益审计三个方面着手。建立教育经济效益审计制度是为此项审计的进行开辟道路。

另外,对于审计内容应进行动态拓展。高等教育审计的内容和范围,就是高等教育审计监督什么、审查什么、评价什么。拓展高等教育审计内容,一是要紧跟社会形势和教育情况的需要,对一些常规教育审计内容进行调整和更新;二是要避免抱残守缺,积极拓展高等教育审计的新领域,与高等教育的发展相适应,如建立高等教育经济风险审计制度、高等教育环境审计制度、高等教育国库统一支付审计制度等。

(三)质量控制制度

审计质量的控制同样不可忽视,所以必须以制度来加以保证。

首先,建立定期审计和跟踪审计相结合的制度。过去我国的高等教育审计一直把重点放在定期审计和事后审计上,忽略了事前和事中审计。如今我国市场经济逐渐成熟和完善,对审计质量提出了更高的要求,简单的定期审计还远远不够,应实行定期审计和跟踪审计相结合的制度。对常规经济活动实行定期审计,对于大型或风险性较高的经济活动实行跟踪审计。尤其是基建修缮项目的审计,是目前高等教育审计的一个重点。

其次,建立财务审计与管理审计相结合的制度。财务审计是为确定财务收支是否合法、合规,以及反映财务收支的会计资料是否真实、准确、完整而进行的审计。而管理审计主要审查被审计单位为实现其计划目标的预期效果,是否对其经济资源进行了最优利用,是否使用了建立在高效率基础之上的审计机制。近几年,高校规模的扩大化、经营的复杂化、利害关系人的多样化、管理权限的分层化、内部控制的制度化、信息需求的大量化、信息供求的矛盾化、审计委员会的制度化等,都是促进高等教育管理审计发展的基本动因。而且管理审计不限于检查过去的活动,它还侧重于事先分析和评价影响效果、效率和资源利用的一切因素,并帮助被审计高校挖掘提高效益的潜力。管理审计的特点是面向未来,具有显著的建设性,与财务审计相结合,更有利于政府监督高等教育事业。

最后,严格执行相关制度。一是审计组长负责制。审计组长应具备相应的资格、能力,审计组长的选任由审计机构领导负责。审计工作要充分,审计工作准备要充分,审计前应做调查,要充分利用信访和纪检、监察方面的信息,有的放矢地确定审计方案的重点和关键点。二是审前综合分析与审后复核分析双重分析制。项目审计工作全面展开前,要对被审计单位会计报表的主要项目指标进行全面分析,项目审计基本完成时,要再一次进行重要指标、收支项目的综合分析,复检核对,以控制大的偏差。三是重点内容和重要时间必审与详查制度。根据不同时期的情况确定教育事业单位的重点审计内容,如教育收费、专项经费的使用等。要把好审计报告质量关,审计报告由审计组长起草,然后审计小组负责讨论定稿,最后由领导审批,还要征求被审计单位意见。重大事项需要报审计委员会讨论。

(四)信息管理制度

审计信息管理是一个新的管理领域,其制度建设明显滞后,但已引起有关方面的高度重视。审计署公布的《2004年审计信息化工作指导意见》,可作为建立高等教育审计信息管理制度的依据。

首先,建立审计信息公开制度。审计公示制,即审计信息公开制度,是当前一个热门的话题。审计署对于审计信息,除国家机密机关和企业单位商业机密外,均予以公开。公开审计活动和结果,公开审计处罚意见,这是市场经济发展的客观需求,有利于审计主体与客体接受社会监督。建立审计信息公开制度,要遵循如下原则:客观性、及时性、明晰性、谨慎性,并注意保密的规定。公开的内容要符合保密的规定,也要注意避免一些不必要的矛盾。要根据信息的情况和不同层次需要公开信息。公开的方式可以采取走访、开座谈会、抄送审计文书、直接公布等。高等学校审计信息的公开有利于加深社会公众对高校的认识,推动政务公开化、透明化的进程。

其次,建立审计信息交流制度。现代信息交流环境中,由于网络技术的介入,信息的发布方式变得多样而灵活,既有网络杂志、网络图书,又可以通过电子公告板、网络新闻组、网络会议、网络论坛和电子邮件等发布信息,信息的生产者可以根据自己的实际需要自由选择。我国地域广,地区间、学校间的差异较大,建立一个内容权威、页面美观、更新及时的网站,对于信息交流与利用具有重要作用。目前教育部已在"中国教育经济信息网"上设立了教育审计专栏,这种模式有利于节省成本,也有利于专栏的运行和维护。但从长远来看,建立相对独立的教育审计网站,更有利于扩大其影响,促进教育审计的发展，也有利于审计功能的发挥。

最后，建立会议制度，定期定时召开全国性教育审计工作交流会。会议是一种有效的信息交流平台，参与者在会上发言，这是非文献形式的交流，会后将发言内容整理出来就成了文献，因此会议具有非文献形式和文献形式两种交流方式的优点。通过会议参与者可以交流心得体会、研究成果，了解最新动态，可以开阔视野、紧跟形势。因此，会议是应该坚持的一种信息交流方式。要充分发挥全国性工作交流会作为信息交流平台的作用，推动教育审计信息的交流和利用。另外教育部还可以利用自身优势，有计划、有组织地开展有关高等教育审计的国际交流活动。

（五）经济责任审计制度

经济责任审计是以审计的方式和手段对领导干部进行的一种监督和检查，是社会主义初级阶段政治、经济等国情与审计监督形式相结合的产物。它之所以具有蓬勃的生命力，是因为这种审计形式适应了加强干部管理和廉政建设的需要。但它又不仅仅是审计，它的作用和影响，已经远远超过了审计本身。认真做好经济责任审计工作，对于进一步完善干部管理体制、遏制腐败、严肃财经法纪、促进党风廉政建设和经济发展均具有十分重要的意义。尽管经济责任审计制度才刚起步，但是它已经显示出了强大的生命力和威慑力，并开始在对干部的管理监督以及对政府与企业领导人的行政行为及经济行为的约束中发挥作用。

三、高等教育审计机制运行过程中应注意的问题

用制度减少不确定性和降低成本是新制度经济学得出的一个基本结论。有效的制度能够使组织在长期的社会变迁中生存下去，并不断地进行自我创新以适应社会环境的变化。因此，在运行高等教育审计制度的过程中，应注意以下几个方面的问题。

第一，制度的效率性是相对而言的，它没有一个具体的、可计量的指标，因此，制度的建立也就成为社会科学研究的难点。尤其是监督制度，监督离不开信息，有效的监督首先要有效地收集和辨别监督所需的信息，然后制定监督准则，选择行之有效的监督方法，最后形成对高校中肯的评价。目前要想建立有效的高等教育审计制度，就应与我国社会变革和发展的大环境联系起来，协调政府与高校的关系，增加信息的透明度和可靠性。坚持整体优化是由于地区之间以及人们对教育重要性的认识存在差异，各地区、各单位的教育环境不尽相同。从地区来说，沿海一带的教育环境明显好于中西部地

区，从一个区域或单位来说，领导重视教育的，其教育环境明显好于不重视的。但同时一些地区、一些教育部门的教育资源严重流失，在社会上造成了很不好的影响。因此政府在制定制度时要考虑到地区的差异，不可一刀切，要注意针对性和普适性的结合。

第二，提供创新机制。建立高等教育审计制度要允许高校在财务管理上进行试验和改革，允许高校在法律许可的范围内对高校财务进行自主分配和使用，鼓励高校利用先进的技术、手段或方法进行财务管理改革，鼓励高校开展新的财务管理尝试和探索。监督并不等于控制，审计只是一种审查财务运行状况的手段。审计监督制度的设计也要具有灵活性，基层的监督审计部门要有一定的自我发挥空间，结合本地区、本校的实际情况，制定实际的、可操作性强的审计监督机制。并且在建立审计监督制度的过程中，也要考虑审计监督部门对外部教育制度、经济制度和政治制度的适应能力，使审计监督部门的活动能够长久有效地保持下去。与此同时要遵循如下四条原则：一是借鉴国际先进机构的经验与适应国情及实际情况相结合；二是理论与实际相结合；三是以国家法律、法规为基准，完善和细化具体的执行规范；四是坚持逐步完善、不断完善，向系列化、配套性方向发展。

第三，防范财务运行错误，保护高校财务运行的自主权。为了进一步加强高校财务管理和会计核算，提高财务和审计人员的业务水平，可以把近年来高校经济活动中发现的问题，以案例的形式选编成册，供高校主管财经工作的领导、财务处长、审计处长以及广大财务、审计工作者阅读。目的是引起大家对这些问题的高度重视，从而使其不断强化法制观念，切实做好财经管理工作，自觉完善内部监督机制，尽可能避免类似问题的发生，更好地保证高等教育事业健康发展。高等教育审计制度的建立不但要注重结果审计，而且要加强预算审计和财务运行过程审计，在事前和事中就发现问题，避免造成更大的资金浪费。同时还要完善经济责任审计制度，一方面保护高校财务运行的自主权，另一方面也要约束财政部门领导的行为。此外，还要增加对资金配置效率的审计，拓展效益审计的领域，在不干涉学校财务运行的前提下，保证高校财务健康发展。

第四，坚持科学的发展观，加强高等教育审计管理。坚持科学的发展观，一是要将以人为本作为构建高等教育审计制度的原则；二是高等教育审计制度的研究和创建必须与高等教育审计的环境相协调；三是为了顺应时代的发展，必须构建新的高等教育审计制度；四是为了实现教育事业的全面、协调、可持续发展，高等教育审计管理必须满足高等教育改革与发展的客观要求。在行政管理方面，教育部要强化审计管理的职能，机构设置上要提高层次，管理对象和内容上要明确，不但要抓好对教育部直属高校的审计管理，而且要加强对各地方教育行政部门的审计管理。同时，各高校和其他教育企事业单位要把审计管理列入领导班子的议事日程。管理的内容则至少应包括目标管理、质量管理和信息数据管理等。

第五，探索多种形式的高等教育审计领导体制，加强对高等教育审计工作的领导。审计是高层次的经济监督活动，高等教育行政部门和规模较大的高等教育学校可设立审计委员会，实行集体领导与总审计师负责相结合的制度。实行主要负责人直接领导，应符合独立性和权威性的要求。正在不断拓展中的审计项目管理，要贯彻与时俱进的方针，探索和创建科学的领导体制。同时建立行政监督与纪律、职业道德约束机制。

第六，社会中介机构的活跃程度是衡量搭建于学校与社会、市场与政府间桥梁的稳定性的尺度。中介机构是一个健康社会中不可或缺的媒介。在一个更加开放与民主的社会中，自治而规范的非正式组织的出现，将是更多人参与协助社会治理、梳理沟通各方矛盾、表达利益群体意愿的一种优化方式。研究表明，在现代社会中，更多的产权界定将由自治的中介机构承担。时至今日，在政府控制的权力领域里，仍然大量存留着本应由中介机构承担的任务。这是一个已经呼吁多年但又成效甚微的问题，也是一个有待解决与开发的有关资源配置的问题。究其根源，矛盾的焦点在对政府权力的约束来自何处，以及在一定约束下社会公共事业的监督是由政府垄断好还是由政府、市场、中介机构等共同监督好的问题。不过，让人们充满希望的是，当制度创新走到了新的阶段，能够限制政府权力并承担润滑作用的时候，中介机构的大量涌现将不会太遥远。

第三节　建立高等教育行政激励机制

所谓激励机制，就是激励主体为了实现一定的目标，通过一套完整的规章制度与奖惩条例来引导、规范和制约激励客体的行为的管理系统，是在组织系统中，激励主体系统运用多种激励手段并使之规范化和相对固定化而与激励客体相互作用和相互制约的结构、方式、关系及演变规律的总和。

我国政府作为目前高等教育行政管理体制改革的激励主体，应重视建立和完善高等教育行政管理体制深化改革的激励机制，并使其真正发挥作用，以解决诸如高等教育结构不合理，高等教育中介组织、民办高校发展滞后，高校结构趋同，高等教育效益不高，以及高等教育经费增加而效率低下等问题，从而全面推动高等教育的发展。

一、政府激励机制内涵分析

以往谈到的激励,大多集中在某个单位对本组织内部员工的激励,很少涉及政府对社会事业的激励。事实上,政府的外部激励也很重要,可以调动人们发展社会事业的积极性。所谓政府激励,是指为了调动整个社会各阶层各单位及个人的积极性,政府利用自己特有的公共权力,采取一定的激励手段来满足人们的需要,诱发人们的行为动机,匡正人们的不良行为,使人们所追求的目标与整个社会发展的目标相一致,从而推动社会发展。

一般来说,政府激励的作用,是由政府与社会之关系和政府属性决定的。在政府与社会的关系上,按照马克思主义的观点:第一,政府产生于社会;第二,政府是有阶级性的;第三,政府具有管理社会的责任;第四,社会对政府的权力进行制约;第五,政府将与国家一起消亡,社会将自己管理自己。可见,马克思主义认为,政府与社会是一种良性互动关系。在国家未消亡之前,政府在推动社会快速、良性发展方面,具有不可推卸的责任。而政府要想完成社会交给的任务,必须采取有效的激励手段,利用激励的功效调动人们发展社会事业的积极性,推动社会的发展。政府要想提高管理社会事务的水平,促进社会长久持续地发展,必然要对人们在社会发展中的作用有充分的认识,在调动人们的积极性上要有一套很好的激励措施,要强化政府激励在社会主义现代化建设中的作用与地位。

政府激励效果的好坏与政府激励机制的优劣成正比。政府激励机制是指政府为了实现自己的目标,根据激励客体的需要,制定适当的行为规范和分配制度(激励手段使用的方式),以实现人力资源的最优配置,实现激励客体利益和激励主体利益的一致,推动整个社会的发展。政府在高等教育行政管理体制深化改革过程中具体运用怎样的激励机制,采取怎样的激励手段,营造怎样的激励环境等,将直接关乎改革的成败。

二、政府激励的原则

(一)利益原则

正因为利益可以满足人的需要,激发人的行为,提高人参与活动的主动性和积极性,所以它对人类活动具有重要的激励作用。在高等教育行政活动中,同样也体现了这一原则。政府在运用激励机制时,首先应注重利益在高等教育经济活动和高等教育结构调整中的核心作用,采取积极的应对措施,切实保障高校自身利益,保证来自政府的高等教育经费的利用率能大幅提高,从而增强高校及社会对高等教育发展的信心,调动其发展高等教育事业的积极性。政府若要实现对高等教育的激励，就要对高校下放权力，把原本属于高校的权力还给高校。

（二）分类激励原则

分类激励原则就是根据高校的办学形式（或市场化程度的高低）而对其采取不同的激励措施。由于在市场观念、资金、技术、管理、科研、教学及资源利用等方面存在差异，不同高校管理运行的市场化程度也存在着明显的差距。民办高校从事的是专业性教学和科研，他们针对市场需要，培养技术能力突出的学生，研究专项课题，与企业联合办学，教学科研的市场化程度较高；教育部直属高校，从事的是综合性教学和基础性研究，其培养的学生大多在社会组织中担任重要职务，是社会精英，其研究成果大多应用于社会公共领域，高校运营的市场化程度较低；省部共建的高校，其教学和科研既以市场需求为导向，又注重政府的需要，高校运营的市场化程度一般。因此，政府在制定高等教育发展的激励政策时，不能搞"一刀切"，而应针对不同类型高校的实际科研水平和教学状况，确立不同的激励目标：有的是激励其实现学校管理的全面现代化；有的是激励其自主发展并在管理运营中积极参与高等教育市场竞争；还有的是激励其逐步完善学科建设，加强科研能力，进一步向综合性高校转变。同时，分类激励原则还要求政府以不同类型高校的实际需要为出发点，制定不同的激励方案，只有这样，才能切实调动不同层次高校的积极性，加速高等教育行政管理体制的调整。

（三）市场性激励与非市场性激励相结合的原则

市场性激励主要是通过拨款、科研竞标来激励高校的教学和科研，高校在其激励下根据市场需求调整学科种类、招生数量和科学研究领域，从而促进高等教育事业的良性发展。但是由于我国市场化发展水平较低，这种激励容易造成高校一哄而上，盲目发展，导致高等教育与地方经济发展不协调、高校办学形式缺乏特色、高等教育资源无法得到优化配置等问题。所以要真正对高等教育行政管理体制进行调整，政府还必须利用非市场性激励方式，如行政手段、法律手段等，来鼓励、引导和支持高等教育事业的发展，促进高等教育的可持续发展，避免高校只追求眼前利益的短视行为。因此，对于非市场性激励方式在高等教育行政管理体制深化改革中的地位和作用，应予以重视。

三、政府在高等教育行政管理体制改革中的具体激励机制

在高等教育行政管理体制改革过程中，政府的激励机制十分重要。政府

激励机制要求政府本着人性化的观点,通过理性化的制度来规范激励客体的行为,调动他们的积极性,谋求管理人性化和制度化之间的平衡,以达到有序管理和有效管理的统一。具体的政府激励机制应该是由一系列激励机制组成的一个有系统、成体系的有机整体,综合发挥激励作用。

(一)经济激励机制

长期以来,我国政府由于受计划经济体制的影响,过度强调精神激励,政府对高等教育事业的发展只强调精神激励,而忽视财政需求,缺乏经济支持。这终将导致高等教育事业缺乏发展活力和积极性。我国政府的激励行为必须转到提高政府为高等教育事业服务的质量上来,按照教学水平和科研能力将高等学校分为几个层次,对于不同层次的学校给予不同程度的经济支持;同时为高等教育事业融资创造机会,着手让更多的私人经营者或企业参与高等教育事业;鼓励发展民办高等教育,特别是与国外知名大学进行联合办学,或者在我国成立国外知名大学的分校,让其在为自身谋取利益的同时也为社会创造更大的价值。

建立政府对高等教育行政管理体制改革的经济激励机制,急需解决如下问题。

第一,建立高校经费竞争激励机制。教育经费是由政府提供给高等教育事业,供高等学校自身发展、建设用的资金,它具有专属性、不可挪作他用等特点。政府对高等教育提供经济支持的目的,是弥补高等教育作为一种准公共物品的市场失灵。但政府对高校的经费拨款长久以来都统得过死,缺乏灵活变通。这样做尽管弥补了市场的失灵现象却排斥了高等学校之间的竞争。政府提供的高等教育经费并不能满足高等教育事业发展的需要,原因之一在于政府对高等教育的拨款方式缺乏良好的激励机制。在市场经济体制下,只有利用政府的经济行为为高等教育提供一定的经济支持,并把高等教育经费的获得推向市场,利用市场竞争激励机制优化高等教育经费拨款,才可以充分满足高校对高等教育经费的需求。这一方面可以降低政府的施政成本,另一方面可以满足高校对资金的需求,从而更好地调动高校的积极性。

第二,建立高校分层拨款模式。政府是高等教育拨款的主体,政府的分配制度是否公平,直接关乎政府对高校经费的分配公平与否,会影响从事高等教育事业人员的工作积极性的发挥。所以,政府对各高校的教育经费要进行调控,对高校进行分层,对高水平大学应提高拨款额度,对没有科研能力和教学水平低下的高校,政府要利用经济杠杆鼓励他们提高科研能力和教学水平,以调动高校办学的积极性。

第九章 高校行政改革的对策研究

（二）管理激励机制

高等教育作为一种准公共物品，政府有责任对其行使管理权，这是不容置疑的。但是长期以来由于受计划经济体制的影响，高校并未获得应有的权力。借鉴西方国家用"企业家精神"来改造政府，我们对政府"放权""还权"于高校也提出了强烈的要求。政府采取适当的方法"放权"给高校，尊重高校，这不仅对优化政府决策、提高政府工作效率有益，还将激发高校参与制定国家教育发展战略的兴趣并提高其工作的积极性，对我国民主政治进程也大有裨益。

当前，建立政府对高等教育行政管理体制改革的管理激励机制急需解决如下问题。

第一，加强高等教育中介组织的建设，实现政府部分权力的转移。政府对高等教育的管理权应该交还给高校或让渡给中介组织，由高校自己管理自己或由中介组织对高校的发展建设提出建议，形成高校自我激励机制。中介组织主要指一种具有一定社会性、非营利性和独立性的组织，又称为非营利组织。我国尽管已经建立了高等教育行政管理体制，但还很不完善，比如高等教育法规不健全、高等教育监督体系不健全等。因此，高等教育行政机制的运行必然受阻，结果也不理想。利用高等教育中介组织来管理高等教育事业既可以给政府重新定位，又可以满足高校自主管理的需求，调动高校的积极性。

第二，加强政府教育信息平台管理模式的建设。在市场经济迅速发展的今天，教育与经济之间的联系日益密切，高等学校必须根据社会经济发展的要求及时调整结构，改进教学内容与方法。高等学校应实行开放办学，而不是封闭办学。为此，只有在掌握大量、准确、丰富的资料和信息的基础上才能做出正确决策。而这种资料的搜集与整理仅靠个别高校自身的力量是很难做到的，需要高等教育行政管理部门及时地、全力以赴地利用教育信息平台提供相关的咨询和信息服务。同时，伴随着教育改革进程的加快，对各地改革的经验与教训应及时总结并加以反馈，这也需要政府教育管理部门把这些信息及时输送给学校，供学校进一步改革时参考。在这一点上，政府有着得天独厚的条件和实力。

（三）目标激励机制

目标激励主要强调利用目标设定的合理性激励被管理者。我国政府在激励高等教育事业发展时，也可以使用目标激励方式进行激励。政府目标激励就是政府利用目标对高校的办学动机进行引导，通过目标设置来激发高校办学的积极性，使高校的办学目标与国家的高等教育目标紧密联系起来。国家的高等教育目标：发展建设高水平的大学，提高国民素质，提升我国的综合国力；争取用几年时间使我国高等教育事业的发展水平上一个台阶，力争建设一批国际知名的学府。在这一目标的指引下，高校结合自身的特点各自努力，既为自身的发展而奋斗，又为政府制定的高等教育发展目标而奋斗。目标激励机制的运用对调动高校的积极性起了重要作用。

构建政府对高等教育行政管理体制改革的目标激励机制需要注意的问题包括两个方面。第一，目标的确定要与社会对高等教育的需要相联系。不断调整高校学科结构使之与市场经济结构相适应，满足高校发展和社会经济发展的需要，使高校的毕业生能够尽快适应社会工作，这是调动高校办学积极性的关键。社会对人才的需要是多层次、多方面的，因此，政府在设置目标的时候，尽可能地把高校的需要与社会政治、经济、文化的发展融为一体，在满足高等教育自身发展需要的同时促进社会经济、政治、文化的发展以及国家的进步。第二，高等教育目标的制定要分阶段、分层次。政府在制定高等教育目标时，要结合不同时期的基本情况，分阶段制定高等教育目标，要根据不同高校适当制定不同的发展目标。目标的高低要结合高校的实际情况，突出高校自身的个性。

（四）环境激励机制

政府激励的实施总是在一定的环境中进行的，高校也是在一定的政治经济、文化和大的国际高等教育环境中生存。环境激励对高校办学积极性的形成和发展有着重要影响，对政府实施激励也有制约作用。政府环境激励机制为其他激励机制的运行提供了一个平台。因此，政府需要创设一个良好的环境激励机制。

环境一般可分为外环境和内环境。外环境是指高等教育以外的环境。内环境主要是指高等教育内部的环境。其中，外环境又包括政治环境、经济环境、人文环境，等等。政府激励高校办学积极性，不仅要面对国内的实际情况，还要注意国际高等教育动态，注意为国内高校营造一个良好的高等教育内部环境。外环境也是激励高校办学积极性一个不可忽视的因素。稳定的政治环境、可持续发展的经济环境和积极向上的文化环境，是高等教育事业顺利发展的根本条件。只有政局稳定，人们才有机会发展高等教育；只有经济稳定，高等教育事业才有发展的动力；只有文化繁荣，高等教育事业的发展才能实现多样化。作为国家权力的代表，政府必须保证社会政治、经济、文化环境的稳定，以激励高校办学的积极性。当然，除了社会环境之外，政府还要构建一个良好的自然环境。高校的自然环境也是陶冶学生情操，繁荣校园文化不可或缺的因素。总之，政府必须注重社会和自然环境的建设，为高等教育事业营造一个政治开明、市场经济体制完善、人文精神高尚的环境氛围。这不但能从环境上激励高校办学，而且符合社会历史发展规律和高等教育发展规律。

（五）法律激励机制

法律对人们的行为有调节作用。法律有激励功能，可以认可人的行为，矫正人的行为；可以使人产生认同感和义务感；还可以使人产生公平感以及形成目标，弱化人们某一行为或者增强某一行为，等等。法律的激励功能使法律在政府激励机制中扮演着十分重要的角色。在高等教育行政领域，法律的最高境界在于通过具有"强制力"的法律规则或规范，实现"非强制性"的法律激励，实现高等教育与社会的和谐发展。或者说，通过"强制地"让高校不做什么，产生"非强制地"让高校做什么的普遍激励，实现高校自身利益与社会利益一致。在高等教育市场存在信息不对称的情况下，法律作为一种激励机制，不但激励高校做什么或不做什么，而且激励高校不依赖于信息不对称"侥幸地"做什么或不做什么。

建立政府法律激励机制必须注意的问题是，根据市场经济的需要构筑市场经济条件下的高等教育法律、法规。市场经济是法制经济，对于不规范、不健全的高等教育法律，必须加以完善，以调节高等教育行政管理行为。要通过法律打击违法行为，匡正、保护正当的高等教育行为，构建一个平等高效的法律激励机制。

（六）激励反馈机制

良好的政府激励机制必须有一个健全的反馈机制。反馈机制是政府激励机制实施的"调节器"，既可以及时了解政府激励机制运行是否良好，又可以检验这一机制是否合适等，以便决定是坚持现有的激励机制，还是及时调整、重构激励机制。

构建政府对高等教育行政管理体制改革的激励反馈机制，应注意以下几点。

第一，政府激励效果的检验。政府必须大致了解激励的效果，以便为政府激励机制的重构提供依据。一般来说，政府激励效果的检验途径，主要是通过民意调查来检验高校受政府激励前后积极性的变化。民意调查通常在政府某一激励手段实施后进行，通常是调查高校的领导、教师、学生以及社会人士，考察他们的满意度、支持率是多少。如果他们对政府采取的某种政策、方式的满意度高,支持率高,他们的积极性就高,政府的激励效果就好,反之,政府的激励效果就差。

第二,政府激励效果的信息反馈。依据激励实施的效果,政府应不断调整激励的方式和手段。政府的激励手段不是一成不变的,而应根据高校的需要和激励的效果及时调整,也就是说要因地制宜地使用激励手段。

第三,为了使激励机制的作用得以有效发挥,还必须注意政府诱导因素的多样性问题,以及信息交流平台的先进性问题。

此外,我国政府除了运用上述激励手段以外,还须综合运用其他激励手段,只有这样,这样才能更好地调动人们的积极性。信息交流平台是高校及时获知政府实施的激励手段的关键途径。封闭、落后的信息交流通道只能减弱高校与政府之间的联系,从而削弱高校办学的积极性。因此,交流平台的先进性问题尤为重要。

第四节 建立高等教育行政协调机制

高等教育行政协调,是指政府针对高等教育行政系统内外部、纵横向之间存在着的各种不协调的关系问题进行调节,通过权责清晰,分工合作,互相配合,有效地实现高等教育行政的目标和提高管理的效能。高等教育行政协调是高等教育行政运行体系不可缺少的构成部分,是贯穿在高等教育行政管理各环节、全过程的一项经常性的重要活动。

一、高等教育行政协调的必要性分析

市场体制与高等教育之间的冲突引发了一系列问题,使得高等教育行政协调极为必要。这些冲突表现为,高等教育与市场、高等教育与社会以及高等教育行政部门之间的权责冲突和利益冲突。

(一)高等教育市场的信息不对称

传统经济理论认为,市场中的每个经济行为者都知晓市场上全部相关商品的价格行情。于是,全部决策都是在完全确定的条件下进行的最优决策,不存在决策失误和投资风险问题。显然,这只是一种理想的假定。由于人们对现实中的经济信息难以完全了解,以及某些经济行为人故意隐瞒事实、掩盖真实信息,因而现实经济生活中具有完全信息的市场是不可能存在的,不同市场均不同程度地存在着不完全信息。

不完全信息的存在,使各经济行为人在认识市场环境状态上存在着差距,

并导致每个经济行为人所进行的市场活动及其结果，无法及时地通过价格体系得到有效传递。非对称信息是不完全信息的一种典型表现形式。如果市场的甲方比乙方掌握更多的信息，不完全信息就更加明显了，我们称此时的市场信息为非对称信息。存在非对称信息的原因主要有两方面。一是社会分工越来越细。对每一项专业来说，专家和非专家所具有的知识差距越来越大，同一行业的两位专家可能完全无法理解对方的专业知识。而在市场这个大熔炉中，专家和非专家都必须加入其中，市场的一方是专家，另一方是非专家，他们之间在信息和知识上的差距形成了不对称信息市场。二是私人信息的存在。人是复杂的、难以捉摸的，这使得关于人自身的一些信息具有隐藏性，如身体状况、情感波动以及消费偏好等都成了隐藏的个人信息。

高等教育市场的信息不对称主要表现在以下几个方面。

1. 高等教育招生市场的信息不对称

每年高考过后，都会有大量的高分落榜现象，究其原因，不外是错估了形势、掌握的信息量不足。每所院校的分数线都不是固定的，而是根据高考试题的难度、考生的水平、报考人数、学位声望等多种因素综合确定的，所以仅凭上年度的招生情况来确定自己的报考志愿，具有很大的风险，加之考生不太清楚哪所高校的专业设置、培养方向更能使自己扬长避短，致使每年高考招生过程中都会出现"高分落榜"现象。与此相反，有的考生因为所报考的院校提高了收费的幅度，致使录取分数骤跌，而侥幸考取了本不可能考上的学校。其实，这种现象的根源就在于高考招生过程中的信息不对称，报考者并不知道会有多少人采取和自己一样的选择，以及他们的考试分数、高校录取分数等信息，当然也就不能做出理性决策，只能根据估计的情况冒险决定自己的行动。

2. 高等教育内容和质量的信息不对称

大学生步入校门后，用高额的学费购买教师的教育劳动。然而，大学生并不了解每位任课教师的教育内容和劳动质量。尽管我国大学普遍实行了学分制和选修制，但由于大学里缺乏课程设置与选课方面的指导，学生的选择经常是盲目的。面对着陌生的课程名单、授课教师名单以及必修和选修学分的要求，学生机械地加以选择，直到开始听课以后才发现，教师的劳动内容和劳动质量并不是自己所需要的，但是由于已经注册，因此没有了改变的可能。即便是主观上可以放弃对某门课程的学习，但出于修学分的考虑，学生还是强迫自己硬着头皮听下去。其结果使得大学课堂的教育活动不是一种愉快的学习和生活经历，而成了一种煎熬。

3. 高等教育就业市场的信息不对称

假定学校、学生、用人单位都是理性的经济行为人，并且能够获得充足而完备的市场信息，也就是各行为人获取信息的渠道畅通而高效，那么高等教育运行机制完全可以由市场这只"看不见的手"来操纵，最终达到市场的供求平衡，实现高等教育资源的优化配置。只可惜现实社会生活中存在着大量的非对称信息。对于处在权力中心的政府而言，由于远离实施现场而不能直接掌握第一手资料，故缺乏足够、充分、有效、真实的信息，特别是发展变化的信息；处于服从和政策执行者地位的高等学校，作为办学行为的实施主体，在掌握着大量有关培养人才的实践和所培养人才的特质方面的信息的同时，却缺乏就业市场发展变化的最新信息；对于高等学校的产品——学生而言，虽然了解自己但却很难寻找一条毕业后适合自己的发展道路；用人单位可能更加渴望有更多的人才适合自己的发展需要、能够创造更多的价值，但对于前来求职的毕业生究竟是什么样的人、其兴趣爱好如何及专业水准高低，却难以在短时间内摸清，导致其在人才使用上的短期行为，最终浪费了大量的高等教育资源。

另外，高等教育市场的信息不对称还引发了一系列教育公平问题。非对称信息的存在，使市场中必然有处于信息优势的一方和处于信息劣势的一方。通常人们称信息优势方为代理方，而称信息劣势方为委托方。换言之，即知情者为代理人，而不知情者为委托人。当然这里的知情者的行为将影响不知情者的利益。当委托人赋予某个代理人一定的权利，比如使用一种资源的权利时，一种代理关系就建立起来了。由于委托人和代理人的利益在通常情况下是不一致的，因此委托人需要用某种手段或方法对代理人进行控制。但是由于委托人和代理人之间存在着非对称信息，也就是信息分布的非对称性，委托人远离实施现场，不能及时、充分地获取相关信息并掌握代理人的行为能力和偏好，因而双方面临着"道德风险"问题。道德风险最初是在保险市场上提出来的，是指人们在建立合同关系之后，非对称信息的存在，使得合同一方的行为难以观察，从而产生了道德风险问题，该问题会导致市场的低效。存在于委托人和代理人之间的道德风险问题非常突出，因此更具有研究价值。在高等教育运行机制中，政府与高校之间、个人与高校之间及用人单位与个人之间其实都存在着委托—代理关系，因而也面临着"道德风险"问题，即由于信息不对称引起的学校管理人员、教师及学生等方面的道德风险。当这种"道德风险"成为事实后，教育的不公平现实也会凸显出来。具体表现为政府投资高等教育而收益不明显、个人付费后却未能获得预期回报、高校付出劳动而未能收到应有的教育效益、用人单位接收的工作人员不理想，等等。

从以上高等教育市场的信息不对称现象可以看出，市场、社会与高等教育之间存在着一定的矛盾，这就需要有另一方来进行调和，政府就应该扮演这种角色。

（二）高等学校管理系统失灵

在正在进行的改革中，我们可以看到，政府对高等教育进行协调管理的内容是围绕着校正市场失灵而展开的，但却忽视了高等学校管理系统失灵的问题。和市场配置、政府干预一样，在一定条件下，高等学校由于制度、组织等的缺陷或外部环境的限制，不能对高等教育资源进行有效配置，导致管理效率低下，这是高等学校管理系统失灵的主要方面。造成这种现状的原因有以下几方面：其一，政府校正市场失灵措施的决策和实施过程缺乏科学化民主化因素，且监督机制乏力；其二，高校管理系统局部效能低下，在国际技术实力的非均衡状态下竞争能力不高，无法从技术进步中获益；其三，多方行政主管部门共同管理，彼此之间缺乏协调。

影响高等学校管理的主要力量是学校行政力量、校内市场力量和校内学术力量。根据这些力量，高等学校管理系统失灵大致可以分为以下几个方面。

1. 学校行政失灵

我国传统的高等学校尤其是公立高校是典型的"科层制"组织。学校行政由于在组织、制度等方面的缺陷，不能对高等学校进行有效管理，如行政权力泛化、行政政策失灵等。学校行政失灵是政府失灵在校内的延续。

2. 校内市场失灵

当教育资源在校内的配置采用市场模式时，高校内部就会形成与高等教育的人、财、物等教育资源配置相对应的学校内部市场。和市场失灵一样，在一定条件下，由于校内市场存在内部市场机制自身固有的缺陷，加上其他内外部因素的影响，高等学校内部市场并不总能有效地配置高校教育资源，这就是高校内部市场的失灵，如人才流动僵化、分配不公和后勤效率下降等。校内市场失灵是市场失灵在校内的延续。

3. 校内学术失灵

高等学校本质上是一种学术机构，学术力量理应是高校最核心的力量。同行政力量和市场力量一样，学术力量要发挥正常的作用需要具备一定的条件和边界，这些条件和边界是学术自由、学术民主、学术责任、学术良知、学术规范等。一旦超过了边界,学术力量就不能正常发挥作用,以致出现学术权力滥用、弱化和错位,学术僵化及学术腐败等现象。

高等学校管理系统失灵,在一定程度上,是因为高校太相信自身对高校事务管理的作用,是因为其陷入了"校本逻辑"的陷阱中。在现代社会,高等学校已经从社会边缘走向社会中心,高等学校管理已绝不仅仅是高校自身的事务,而是关乎整个国家、社会和市场的事务。要使国家、社会、市场、教职工和学生的利益在高校中能得到实现,必须改革传统的行政泛化、学术弱化及自我封闭的高等学校管理制度,构建优化、合作、协调的高等教育行政管理运行机制。因此,既校正市场失灵,又校正管理系统失灵,并使二者相互协调,已成为高等教育行政协调的二元内容。

二、政府进行高等教育行政协调的优势

(一)国家体制的职能优势

国家体制的存在在一定程度上弥补了市场机制带来的弊端。这种优势主要体现在:国家提供法律和秩序,确定了市场运行的规则和运行主体的社会关系,保障市场交易活动的开放与透明,保护公开、公平的竞争,反对和制止市场活动中的垄断行为;国家通过财政、金融以及其他手段调控社会经济活动,提供和维持市场得以正常运作的稳定的经济环境;国家为社会各项事业发展提供一些基本的服务,如建设基础设施,通过政府垂直渠道提供有关信息以弥补市场信息不完全的缺陷;国家保证社会公平原则贯穿社会各项活动的全过程,建立和维持社会保障体系,对市场活动中的各种弱势群体提供保护。此外,在社会的发展过程中,人们总会遇到一些重大的危机和威胁,如战争、自然灾害、经济危机以及广泛传染的疾病等。在这些情况下,国家有能力集中社会的人力、物力和资金重点投向特定领域和特定事业,尽快克服危机和消除威胁。对于在市场机制下高等教育发展中产生的冲突,国家有义务也有能力进行调节。

(二)政府职能转变的优势

转变政府职能涉及两方面的基本内容:一是把市场能够做的事情交给市场,把生产经营的权力真正交给企业,把政府的责任重点放在市场不能做或效能差的地方,把政府职能切实转变到宏观调控、制定产业政策、规范市场、搞好基础设施和提供公共服务方面来;二是还权于民,调整政府与社会的关系,把政府"不该管、干不了、干不好"的职能转移给各种社会组织,让其来承担。

三、建立高等教育行政协调机制应注意的问题

（一）树立高等教育行政协调的观念

在高等教育行政管理的观念上，国家主义与政府全能管理的传统体制造成的消极影响尚未彻底清除。社会对政府职能的期望值普遍过高，其他社会机构对政府的依赖程度还相当高。因此，建立并完善高等教育行政协调机制，必须克服旧观念，树立服务全局、主动配合的新观念，克服狭隘的部门利益思想；必须树立分工制和层级制的现代管理观念，克服崇尚"长官意志""官本位"的旧观念。不同层级的政府处理不同层次的事务，这是分工制和层级制的重要体现，但人们服从于"长官意志"的心态并没有消除，不论什么事，只有高层领导亲自挂帅，直接裁决，才能获得必要的权威，才能行得通。而按照分工制的原则，由相关部门全权处理某方面的事务是十分正常的，并不存在"谁高谁低"和"谁管谁"的问题。各部门如能够从这种心态中解脱出来，许多矛盾和问题就会得到解决。

（二）把握对高校协调管理的度

在对高等教育进行行政协调时，高等教育行政管理部门既要大胆地开展工作，又要注意不越权、不揽权。一方面，既不能因为权力的下放而卸下对高等教育行政管理的义务，又不能因为部门的交叉性较高而推诿高等教育行政管理的责任，应该充分认识行政协调的空间，大胆地开展工作，充分发挥行政协调的优势。另一方面，在对高校进行行政协调时，政府要丢弃直接干预的做法，要以向高等学校"还权"为宗旨，明确自己的工作定位，不直接、不过度干预高校的自治，在领导任免、确定大学规模等方面应该尊重高校自身的发展规律，把重点放在政策引导和矛盾调解上。

（三）进行有效的管理信息沟通和反馈

管理信息沟通，指的是高等教育行政管理系统与外界环境之间，系统内部各部门之间、各层次之间、各人员之间，凭借一定的媒介和通道传递思想观点、情感，交流情报信息，以期相互了解、支持与合作，谋求管理系统和谐有序运转的一种管理行为或过程。沟通要达到的目的是统一思想。有了统一的思想才会有统一的行动。沟通是协调的前提条件和方法，协调是沟通的结果。沟通在于求得思想上的共同理解，协调在于求得行动上的协同一致。沟通和统一思想，有利于增强管理工作人员的集体意识，提高服务质量和工作效率。

管理信息反馈，即管理系统对外界输入的情况加以转换分析，通过制定

政策或提供服务等方式反作用于外部环境,再根据外部环境的变化对自己的政策和行为加以调整,以达到提高管理水平的目的。管理信息反馈是调节高等教育行政系统与外部环境关系的重要环节,若管理信息反馈不畅通,系统便会僵化甚至解体。因此,高等教育行政部门应进一步加强并改进高等教育动态信息的报送工作,保证报送的情况真实、准确、及时,保证信息传递的数量和质量。

(四)综合运用高等教育行政协调的方式

高等教育的行政协调方式,主要包括强制性行政协调方式、引导性行政协调方式和参与性行政协调方式。强制性行政协调方式是指,为了实现高等教育行政管理系统中高等教育主体之间的目标整合,形成稳定有序的网络机制,政府行政协调必须保持一定的刚性和力度,能够通过具有强制性的法律措施和政策指令,来校正市场机制的失灵和高校系统的失灵。

但是政府任意扩大强制性行政协调方式的适用范围,可能导致权力的滥用和决策的失误。因此,政府的引导性行政协调方式就显得尤为必要。比如,高等教育财政激励政策的制订与实施、高等教育信息的提供与传播、鼓励产学研一体化政策的制订与实施、高等教育人才资源整体开发政策的制订与实施等。

参与性行政协调方式,也就是建立一种高等教育公众参与的机制。这是切中社会需求,实现管理决策民主化的重要机制,也是使分散的社会利益与高等教育行政决策意向保持一致的重要途径。公众参与的主体是普通民众和高等教育行政管理部门,参与机制调整的是民众和高等教育行政主体两方面,包括政府的政策、决策、行政处理决定等行政外部行为,以及民众的意愿、要求等。

目前,我国采用的公众参与方式,包括由政府召开各种专题调查会、论证会、听证会,网上征求意见,开通电话热线等。通过吸引公民及各种社会组织经由各种渠道和形式直接或间接介入管理行为,来协调分散的社会利益与教育政策之间的不一致,从而实现高等教育行政管理与社会需求的统一。

参考文献

[1] 冉军.人力资源管理[M].北京：清华大学出版社，2017.

[2] 李洁,李丽娟,沈丽.高校人力资源管理中的激励问题[J].中外企业家，2016(35).

[3] 曹锐.以人为本理念下高校人力资源管理分析[J].课程教育研究，2016(35).

[4] 魏本阁,陈小强.人力资源管理下的高校教师绩效考核探析[J].现代营销（下旬刊），2017(12).

[5] 何雅冰,王明清.聘任制下的高校教师评价机制激励研究[J].产业与科技论坛，2017(17).

[6] 李娜.浅谈教师培训工作信息化管理的设计与实现[J].当代教育实践与教学研究，2016(04).

[7] 兰蕊.高校行政管理人员绩效考核与绩效工资的研究及分析[J].人才资源开发，2017(16).

[8] 杨宁,侯代臣.加强高校行政管理人员素质的培养[J].教育现代化，2017(21).

[9] 肖娥.当前高校行政管理改革刍议[J].智库时代，2017(08).

[10] 井燃.学校人力资源的开发与管理研究[J].民营科技，2017(05).

[11] 潘玉慧,刘学斌,李颢森.浅析国内高校行政管理体制改革现状及对策[J].环渤海经济瞭望，2017(07).